활동이론으로 바라본 혁신학교

학교는
어떤
공동체인가?

활동이론으로 바라본 혁신학교

학교는 어떤 공동체인가?

초판 1쇄 인쇄 2019년 4월 23일
초판 1쇄 발행 2019년 4월 30일

지은이 성열관, 이숙현, 류성용, 박필재, 이천수, 손소영, 이은진, 오란주, 강연선, 손혜영,
　　　 김자은, 박희규, 임동희, 유선미, 이만주, 차승희, 김창호, 윤은숙, 이윤정
펴낸이 김승희
펴낸곳 도서출판 살림터

기획 정광일
편집 이지안
북디자인 꼬리별

인쇄·제본 (주)현문
종이 월드페이퍼(주)

주소 서울시 양천구 목동동로 293, 22층 2215-1호
전화 02-3141-6553
팩스 02-3141-6555
출판등록 2008년 3월 18일 제313-1990-12호
이메일 gwang80@hanmail.net
블로그 http://blog.naver.com/dkffk1020

ISBN 979-11-5930-099-8 93370

이 도서의 국립중앙도서관 출판예정도서목록(CIP)은
서지정보유통지원시스템 홈페이지(http://seoji.nl.go.kr)와
국가자료공동목록시스템(http://www.nl.go.kr/kolisnet)에서 이용하실 수 있습니다.
(CIP제어번호: CIP2019015743)

활동이론으로 바라본 혁신학교

학교는 어떤 공동체인가?

성열관, 이숙현, 류성용, 박필재, 이천수, 손소영, 이은진, 오란주, 강연선, 손혜영,
김자은, 박희규, 임동희, 유선미, 이만주, 차승희, 김창호, 윤은숙, 이윤정

살림터

서문

혁신학교가 일반화되면서 혁신은 이제 더 이상 혁신이 아닐 만큼 익숙해졌다. 혁신학교란 무엇인가? 일반학교와 혁신학교의 차이점은? 혁신학교 다음은 또 어떤 학교인가?

혁신학교가 도입되고 일반화되었지만 여전히 이견도 많고 가야 할 길이 멀다. 분명한 것은 혁신학교는 우리의 교육을 긍정적으로 바꾸었고, 교육을 바라보는 시각을 새롭게 했다는 점이다. 하지만 더 나은 혁신교육, 더 교육다운 교육을 위해서는 지금의 혁신학교를 성찰하고 더 발전시키기 위한 고민이 이루어져야 한다. 그 성찰의 화두에 '공동체'가 있다. 여기서 말하는 '공동체'는 전통적 의미의 그것과는 다소 차이가 있다. 이 책에서는 학교라는 조직에서 교육의 목적을 달성해나가기 위해 규범과 문화를 가진 활동체계로서의 공동체임을 밝힌다.

이 책을 저술한 우리들은 혁신교육에 대한 배움의 열망을 갖고 2016년 3월, 경희대학교 교육대학원 혁신교육전공에서 첫 만남을 가졌다. 지역도 다르고 학교도 다 달랐지만 금세 우리는 '하나'가 되었다. 혁신학교를 더 잘해보고 싶다는 공통된 소망을 갖고 있었기 때문이었다. 낮에는 학교에서 학생들과 부대끼며 혁신교육을 실천하였고, 밤에는 대학원에서 혁신교육에 대한 학문적 기초를 다졌다. '혁신학교를 혁신학교답게 만드는 것은 무엇일까? 혁신학교를 더 성장시킬 매개는 무엇일까?'라는 공통된 고민에 매달리면서 그 해답이 '공동체'에 있음을 깨달았다.

우리는 '함께' 혁신학교의 '공동체'에 대해 공부하고 토론했다. 하지만 토론은 늘 난항이었다. 많은 얘기가 오가고 또 오갔지만 매번 뚜렷한 귀결점을 찾지 못할 때가 많았다. 늦은 밤 집으로 돌아가며 풀리지 않는 실타래로 인해 마음이 답답할 때가 많았다. 그러던 중 2016년 11월에 경기도 교육청에서 개최한 교사 학술대회에 제출할 공동연구 논문을 준비하면서 우리는 '활동이론'을 접하게 되었다. 활동이론은 놀라웠고, 이 이론으로 혁신학교를 들여다

보는 것이 매우 의미 있는 연구가 될 것임을 확신했다. 활동이론으로 혁신학교를 분석한 공동연구 결과는 많은 이들로부터 좋은 피드백을 받았다. 활동이론은 혁신학교 운영 과정에서 얻은 우리들의 경험에 이론적 토대를 제공했기 때문이다. 활동이론은 어지럽게 흩어져 있던 우리들의 경험에 질서를 부여해주었다. 이론과 실천에서 모두 자신감을 갖게 된 우리들은 공부와 고민의 흔적들을 정리하여 교육을 위해 고민하는 많은 분들과 이를 공유하고 싶다는 소망을 갖게 되었다.

우리들은 이 책을 통해 학교혁신의 중심에 서 있는 모든 교사들에게 다음과 같은 메시지를 전하고 싶다.

첫째, 학교와 수업을 변화시키고자 하는 노력은 모순과 갈등을 필연적으로 동반하며, 그렇기에 모순과 갈등을 부정적으로만 볼 필요는 없다는 것이다. 이 책에서 분석한 활동이론으로 볼 때 갈등은 성장을 위한 과정이다. 오늘날 학교가 당면하고 있는 모순에 관한 교사들의 인식과 그에 따른 갈등은 더 나은 가치를 지향하는 과정에서 필연적으로 발생하는 것이다. 교사도 모순을 인식해야 발전이 가능하다. 모든 아이들이 행복한, 교육다운 교육을 이끌어갈 주체는 교사이다. '우리 학교는 왜 이럴까?'라는 불평보다는 모순이 무엇인지 고민하고 그것을 개선하고자 노력할 때 우리 교육공동체는 발전할 수 있다.

둘째, 활동이론에 따르면 교사들의 전문성 신장은 실천이 있어야만 가능하다. 모순을 알고 있지만 그것을 해결하기 위한 노력을 하지 않으면 아무런 의미가 없다. 교사의 전문성 신장, 행복한 학교, 학생배움중심수업, 민주적이고 정의로운 학교 등을 위해서 교사가 노력하는 것은 당연하다. 그리고 이런 당연함을 더 많은 교사가 함께하기 위해서는 실천하면서 성장해야 한다. 이것이 활동이론의 핵심이다. 실천 속에서 배우려는 교사들이 많아지면 학교의 변화는 자연스럽게 이끌어낼 수 있다.

셋째, 학교와 수업의 변화를 위해서는 교사들 사이의 상호의존성을 높일 수 있는 매개의 고안이 필요하다. 교사들이 서로 믿고 의지하는 학교조직문화는 변화의 토대가 되기 때문이다. 따라서 학교공동체의 모순을 극복하고 성장하기 위해서는 교사들 사이의 상호의존성이 갖춰져야 한다.

넷째, 학교공동체 속에 학생 개인이 있고, 개인 학생 속에 학교공동체가 있다. 다시 말해, 개인과 공동체는 끊임없이 상호작용한다. 인간은 자신이 속한 집단으로부터 결코 자유로울 수 없다. 이에 교사는 학생들이 공동체 속에서 긍정적인 역할을 하도록 도와주어야 한다. 수업 기술이 뛰어나면 좋은 교사일까? 아니다. 진정한 교사는 학생들이 존재 그 자체로 서로 존중받고 높은 자긍심을 갖도록 해야 한다.

이와 함께 학교에서는 사회정의교육을 시켜야 한다. 수학 공식이나 영어 단어를 가르치는 것도 중요하지만 그것 이상으로 양극화와 사회불평등이 심화되고 있는 이 시대, 우리 아이들의 삶을 위해서는 정의나 인권을 더 가르쳐야 한다. 그래야 학생들이 나중에 어떤 직업을 갖게 되더라도 존엄하고 품위 있는 삶을 영위할 수 있다.

혁신학교의 탄생과 함께 혁신학교에 대한 다양한 연구 자료가 발표되었고, 많은 저서가 출간되었다. 우리의 공동집필이 수많은 저서 가운데 또 하나 이름만 올리는 것이 아니라 혁신학교에 의미 있는 메시지가 되었으면 좋겠다. 특히 이 책을 읽은 교사들이 자신의 전문성은 물론 학교의 발전을 위한 새로운 매개를 고안할 필요성을 느끼고, 모순의 극복과 실천 속에서 아이들의 성장을 돕고 교사로서의 삶이 풍성해지길 바란다.

이 책은 꽤 긴 여정을 거쳐 완성되었다. 그 여정에서도 갈등과 모순이 있었다. 그러나 그것을 극복하는 과정이 의미 있었고, 그것을 극복했기 때문에 한층 더 의미 있는 책을 완성할 수 있었다고 생각한다. 여러 명이 공동으로 집필하다 보니 문체가 다르고 글과 글의 연결이 다소 매끄럽지 않은 것이 아쉬움으로 남지만, 우리 각각의 생각과 글이 합쳐져서 하나의 완성된 글이 되었다는 것에 의미를 두고 싶다.

학교에서는 교과교사, 담임교사, 혁신부장으로 바쁜 일과를 소화하느라 하루가 부족했지만, 2년 반 동안 함께 공부하고, 연구한 결과가 이렇게 한 권의 책으로 세상에 탄생하니 감사할 따름이다. 우리는 이 책 자체가 혁신학교 발전에 하나의 매개가 되길 바란다. 단 한 명도 소외되지 않는, 모두가 존엄한 수업을 위해, 그리고 우리 교사 자신들을 위해.

2019년 새 봄날에
저자 일동

차례

| 1장 |

활동이론과 혁신학교[1]

성열관

혁신학교와 활동이론이 서로 닮은 점

학교는 목표와 구성원, 그리고 그 목표를 달성하기 위한 수단과 문화를 가진 사회조직이다. 특히 혁신학교는 학교가 이러한 사회조직이라는 점에 주목하여, 관계와 공동체를 중심으로 학교변화전략을 채택하였는데, 이는 대단히 중요하다. 왜냐하면 혁신학교는 학교 전체를 총체적으로 보고, 부분과 부분, 부분과 전체 사이의 상호작용에 대해 잘 이해하고 있으며, 실천 과정에서 구성원들의 정체성 변화에 많은 관심을 보여왔다. 이는 매우 획기적인 전략으로 공동체 속에서의 개인과 매개 전략, 규범과 역할 등 문화역사적 활동이론cultural-historical activity theory과 공유하는 측면이 매우 많다. 바로 이것 때문에 이 책은 활동이론으로 혁신학교를 바라보고, 성찰하며, 혁신학교가 더 나은 학교로 발전할 수

---

1. 이 장은 성열관 (2018). 문화역사적 활동이론에서 모순 개념의 중요성. 교육비평, 제42호를 이 책의 목적에 맞게 고쳐 쓴 것임을 밝힙니다.

있도록 대안을 제시한다.

혁신학교는 계속 진화해왔으며, 그동안 혁신학교에 대한 많은 이론과 담론이 쏟아져 나왔다. 이 속에서 혁신학교의 핵심적 특징을 찾는다면 그것은 '협력, 관계, 공동체'라 할 수 있다. 혁신학교는 경쟁에서 벗어나 협력을 추구함으로써 서로 긍정적 정체성을 형성하고 이에 상응하는 역할기대를 갖게 함으로써 보다 인간적이고, 민주적이고, 정의로운 공동체 문화를 추구한다. 이를 위해 다양한 매개 수단을 창의적으로 만들어냈고, 그 과정에서 학생뿐만 아니라 교사들도 학습하고 성장했다. 이러한 혁신학교의 특징은 활동이론과 많은 점에서 닮았다.

활동이론은 인간이 사회적 맥락을 떠나서는 배울 수 없으며, 인간의 활동도 그것이 일어나는 사회적 환경 속에서만 온전히 이해될 수 있다는 관점을 지닌다. 학생이 학습함에 있어 사회적, 문화적, 역사적 맥락의 중요성은 그동안 많은 학자들이 지적해왔다손민호, 2004. 그 중에서도 핀란드 학자 엥게스트롬Engeström이 주창한 활동이론은 오늘날 '공동체 속에서 학습하는 나'와 '나와 함께 성장하는 공동체'에 대해 유용한 설명을 제공한다. 문화역사적 맥락 속에서 인간이 어떻게 모순에 대처하며 배워나가는가에 대해 활동이론만큼 종합적이면서도 정교한 분석틀을 제공하는 이론은 많지 않다.

활동이론은 개인의 학습이 목표를 공유하는 공동체 속에서 일어난다는 전제를 갖는다Engeström, 1987. 이때 개인들은 공동체의 문제해결 목표를 달성하기 위한 동기를 갖고 있으며, 목표 달성을 위해 도구를 익힌다. 그리고 이 도구들은 최종적으로 학습공동체의 목적을 달성하기 위해 사용된다.

활동이론에서 활동은 임의적 행위가 아니라 문화적인 행위이다. 그래서 활동은 문화의 속성인 사회조직과 전통이라는 요소를 갖고 있다. 이때 사회조직은 노동 분업 구조를 가지는 것으로 볼 수 있으며, 전통은 규범이나 규칙을 포함하는 것이다. 이러한 분업 구조나 규범은 그 사회조직이 위치한 장소와 역사적 시간이라는 맥락에 의해 만들어진다. 활동이론은 이렇게 개인의 학습을 광범위한 사회적 맥락, 역사, 문화 속에서 이해하고자 한다.

오늘날 수업을 변화시키려는 다양한 노력에도 불구하고 여전히 많은 교실에서 교육활동은 충분한 상호작용 없이 개별적으로 이루어지고 있다성열관. 이형빈. 2014. 또 하나의 활동체계라 볼 수 있는 교무실에서의 교직문화도 경직되어 있는 경우가 많아, 전문적 학습공동체로서 교사조직이 운영되기는 쉽지 않다서경혜. 2009. 최근에는 전문적 교사학습공동체를 활성화하기 위한 정책이 교육부와 시·도교육청을 통해 활발히 전개되고 있다. 그러나 교사들이 스스로 모순을 발견하고, 그에 대한 대처 방법을 고안하여 조직문화를 변화시켜나가는 노력이 충분해 보이지는 않는다. 교실에 존재하는 활동체계는 스스로의 원래 목적이 무엇인지 잊어버리고 원자화된 행위들만 관찰되기도 한다이형빈. 2014.

이러한 현실을 비판적으로 인식할 때 활동이론은 교사들과 교육연구자들에게 활동체계의 주체, 매개, 대상, 공동체 등 다양한 요소들을 체계적으로 분석할 수 있는 이론적 틀을 제공해준다. 이 중에서도 모순 개념은 매우 중요하다. 최근 한국교육학 분야에서도 활동이론에 대한 연구들김남수, 이혁규, 2012; 윤창국, 박상옥, 2012이 생산되고 있다.

한편 많은 연구물들이 학습 매개를 교육공학적 도구로 보는 관심에 치우쳐 있으며, 활동이론의 핵심 원리라고 볼 수 있는 모순에 대한 분석이 충분치 않아 보인다. 이에 이 장은 혁신학교를 깊이 있게 관찰하기 위한 분석틀로서 활동이론에 대해 살펴보고, 모순 개념의 중요성에 대해 논의한 후, 혁신학교가 공교육을 선도하는 모범학교로서 더 발전할 수 있도록 이론적 기초를 제공하고자 한다.

활동이론의 이론적 전통

비고츠키의 '기호'

활동이론은 러시아 심리학자 비고츠키의 영향 하에 있다. 러시아의 철학적 전통에서 비고츠키는 개인과 사회의 상호영향 관계 속에서 인간이 학습하고 발달한다고 주장하였다. 오늘날 세계 심리학계가 1930년대에 요절한 소비에트 심리학자에 관심을 기울이는 이유는, 그가 문화의 상호작용 속에서 개인이 어떻게 사회를 내면화하고 동시에 사고와 의지를 발전시켜 사회를 변화시켜나가는지에 대한 체계적인 이론을 제시했기 때문이다. 특히 서구의 심리학 이론이 인위적 상황에서의 실험에 의존하였고, 이 때문에 역사, 사회, 문화의 변수가 충분히 이론화되지 못하였다는 자각에 따른 것이기도 하다.

학습을 문화적으로 보았던 비고츠키는 인간과 대상의 매개로서 도구 개념을 발전시켜나갔다. 우리는 도구라 하면 물질적인 것이 떠오르지만 학습과 관련해서는 심리학적 도구인 기호가 중요하다. 물체를 변형하는 도구가 있는 것처럼 심리학적 도구는 마음을 형성하고 변형시킨다. 인간은 기호를 학습함으로써 사회관계를 내면화하고, 또 기호를 사용해서 정신 과정을 발전시킨다는 것이다. 인간은 동시에 기호를 만들어냄으로써 적극 기억하려는 의도적 행위를 보여주기도 하고, 더 나아가 세계를 변화시키고자 한다. 인간의 심리적 발달은 기호라는 매개를 통해서 가능하다. 비고츠키가 가장 중시한 기호는 언어다. 언어는 인간의 초기 발달에서 이름을 구별하고 사물의 이름을 기억하는데 이용된다. 그러다가 인간이 성장하면서, 감각적 세계와 더욱 독립적으로 언어 기호를 사용하며, 그 과정에서 생각이 정교화된다[Cole, 1988].

이와 같이 비고츠키는 사회적인 것, 즉 문화가 개인의 학습에서 중요한 매개라고 보았지만 실험 연구에서는 개인에게 초점을 두었다. 특히 언어의 기호학적 매개에 많은 관심을 두었다.

반면 2세대 비고츠키주의자로 불리는 레온티에프[1978]는 활동activity과 행위action를 구분해서 사용하였다. 그에 따르면 행위는 일시적으로 일어나며 그것이 언제 시작해서 언제 끝나는지가 비교적 명확한 것인 반면 활동은 보다 긴 사회-역사적 시간을 가지는 것으로, 조직이나 제도의 틀 안에서 일어나는 것으로 보았다. 활동 이론은 이 '활동' 개념을 중시한다.

레온티에프의 '활동'

2세대 비고츠키주의자로 불리는 레온티에프는 인간의 활동이 항상 목적지향성과 동기를 가지고 있음을 강조하였다. 3세대 비고츠키주의자로 불리는 엥게스트롬은 이러한 관점을 이어받아 활동이론을 창안하였다.

레온티에프는 활동, 행동, 조작operation을 서로 다른 개념으로 이해하였다. 첫째, 활동은 대상object 또는 목적을 지향하는 것으로 보았으며, 이는 동기에 기초한다. 둘째, 행위는 각자가 목표goal를 달성하기 위해 수행하는 것이다. 셋째, 조작은 어떤 조건condition 하에서 이루어지는 자동적인automatic 행위를 말한다. 활동, 행위, 조작은 위계를 갖고 있다. 예를 들어, 공동체적 '활동'은 개인이나 집단의 '행동'으로 이루어져 있고, '행동'은 반복적이거나 자동적인 '조작'으로 이루어져 있다. 시간적인 차원에서도 위계적인 구분이 가능하다. 활동은 중장기적으로 이루어지며, 행동은 단기적으로, 조작은 일상적으로 또는 자동적으로 일어난다.

레온티에프[1978, 1981]는 원시부족사회의 사냥을 예로 들면서 활동체계에 대해 설명하였다. 부족은 활동의 주체이며, 개인은 각각의 목표(일례로, 사냥감 몰이)를 가지며, 동기는 사냥이 아니라 생존, 즉 고기와 가죽을 얻는 일이다. 그래서 사냥이라는 집단적 활동은 결국 생존이라는 동기에 의한 것이다. 여기서 중요한 것은 동기는 집단적이나 목표는 개별적일 수 있다는 점이다. 거시적 수준

[그림 1-1] 활동의 위계적 구조

출처: Daniels, H. (2016). An activity theory analysis of learning in and for inter-school work. Educação, 39, p.26.

에서는 공동체를 주요 동기의 원천으로 삼고, 그 아래에 목표를 달성하고자 하는 행동이 있다. 그리고 행동 아래에 자동적으로 반복하게 되는 행위를 조작이라 명명하여 위치시켰다. 이는 비고츠키의 학습 모형에다 공동체라는 사회적 환경을 추가한 것으로 볼 수 있다. 엥게스트롬[2000]은 이에 착안하여 공동체의 사회적 매개를 규칙rules과 노동 분업division of labor의 측면에서 바라봄으로써 비고츠키와 레온티에프의 이론을 계승, 발전시켜 나갔다. 쉽게 말해 엥게스트롬은 비고츠키의 기호 매개 이외에 규칙과 노동 분업이라는 두 개의 매개를 추가하였다. 기호가 개인적 차원이라면 규칙과 노동 분업은 공동체의 차원에서 추가된 것이다.

엥게스트롬의 '활동체계'

문화역사적 활동이론은 비고츠키의 기호 매개에 대한 관심을 환기시켰을 뿐만 아니라 레온티에프의 활동 개념의 지평을 확대했다. 이러한 발전에 힘입어 그동안 많은 교육연구자들이 비고츠키의 학습심리학을 다양한 흐름으로 확장시켜 왔다. 문화역사적 활동이론을 발전시키고 있는 연구자들은 '후기 비고츠키주의자'라고 부를 수 있다. 활동이론은 후기 비고츠키주의 중에서 '활동 중 나타나는 학습'에 관심을 지닌 학문 분야라 볼 수 있다.

러시아어로 활동 또는 실천praxis은 데야텔노스트deyatelnost라고 불리는데, 이 개념은 짧은 기간이 아니라 중장기 기간의 활동을 말한다. 중장기 기간이 필요한 이유는, 교육이 변화를 유도할 수 있을 정도의 시간이 주어져야 하기 때문이다. 비고츠키는 활동 당시 자극-반응에 치중한 심리학 연구에 대해 비판적 입장을 취하면서 인간 의식에 대한 연구 관심을 불러일으켰다. 그는 인간의 의식 현상은 문화적 활동에 종속되는 과정이라 보았으며, 동시에 문화적 활동은 심리 현상이 객관화되어 나타난 것이라 주장하였다 Daniels, 2008. 쉽게 말하자면, 인간의 의식은 사회의 문화에 의해 만들어지며, 또 그 의식이 사회 속에서 표현되면 문화를 이룬다는 것이다. 이는 그가 인간의 의식과 사회문화 사이의 이분법을 극복하고, 상호작용의 중요성을 강조한 것이라 볼 수 있다.

이와 같이 비고츠키가 의식과 활동이 통합된 이론을 구축하고

자 했다면, 후기 비고츠키주의자들은 이 두 가지가 어떻게 통합되어 나타나는가에 따라 약간씩 상이한 관점을 지닌 채 발전해왔다. 이 중에서 대표적으로 워치Wertsch, 1991는 도구에 매개된 인간 행동에 관심을 둔 반면 엥게스트롬1994, 1999은 활동체계 속에서의 마음 형성에 보다 많은 관심을 두었다. 이러한 관심의 차이는 분석 단위의 차이로 이어진다. 이에 활동이론에서는 그 분석 단위가 공동체로 확대되어 개인이 놓여 있는 활동체계를 그 단위로 한다.

비고츠키의 발달심리학은 낮은 기능에서 높은 기능으로 변화하는 과정을 보여주는데 그 핵심이 있다. 낮은 심리 과정은 반사적, 즉각적, 초보적 기능이라 볼 수 있으며, 높은 정신 기능은 과학적, 의지적, 정신적 기능을 말한다. 비고츠키는 심리적 도구인 언어의 숙달을 통해 낮은 정신 기능을 발달시킨 후, 이어 더 높은 사고의 발달로 나아갈 수 있다고 보았다. 이때 더 높은 정신 기능을 습득하기 위해서는 사회적, 협력적 활동이 매개되어야 한다. 또 낮은 기능에서 높은 기능을 숙달해가는 과정에서 학습자와 교수자가 사용하는 언어가 가장 중요한 발달의 매개 수단이 된다. 다시 말해, 언어 기호의 사용은 정신 과정의 발달을 이끌어나간다. 그래서 사고는 언어적 성격을 띤다. 말하기는 정신 기능과 상호작용하며, 이 때문에 '말과 생각speech and thinking'은 변증법적 관계를 맺는다. 비고츠키가 말과 생각의 관계에 착안한 것은 그것이 인간 학습의 생물학적이면서 문화적인 성격의 변증법적 관계를 잘 보여줄 수 있기 때문이다.Daniels, 2001.

이와 관련하여, 비고츠키에 따르면 인간의 활동은 내적, 외적 두 차원을 가진다. 엥게스트롬은 이러한 내적, 외적요소 사이의 상호작용, 내재화internalization와 외재화externalization 작용에 대해 깊은 관심을 가졌다. 내재화는 외적요소가 내적요소에 영향을 주는 것이다. 예를 들어, 원래 외적요소였던 기호 매개가 내적요소가 되어 인간의 고등정신기능을 발달시키는 것은 내재화로 볼 수 있다. 활동이론에서는 비고츠키의 기호 매개를 뛰어넘어 활동체계에서 사회문화적인 요소가 개인의 내적요소로 이동하는 것을 내재화로 본다.

반면 활동의 내적요소가 외적요소가 되는 것은 외재화이다. 활동이론은 학습이란 사회적인 것에서 개인적인 것으로 이동하는 것이라는 비고츠키의 명제를 중시한다. 한편 이와 함께 개인적인 것이 사회로 향하는 외재화에도 많은 관심을 기울인다. 활동이론이 다른 후기 비고츠키 학파와 구별되는 점이 여기서 나타난다. 엥게스트롬의 활동이론에서 외재화는 내재화와 상호보완적 역할을 맡는 것으로 보인다.

활동이론이 비고츠키와 레온티에프의 심리학을 계승시켰다고 평가받는 것은 매개를 중심으로 하는 학문을 이어받았기 때문이다. 매개는 비고츠키 학파를 관통하는 가장 중요한 이론적 요소이며, 비고츠키는 인간이 동물과 다르게 고등정신기능을 갖게 된 것이 매개의 힘에 의해서라고 말한 바 있다. 이 학파에서는 주체와 대상, 내재화와 외재화 등 서로 상반된 것을 연계해서 봄으로써 인

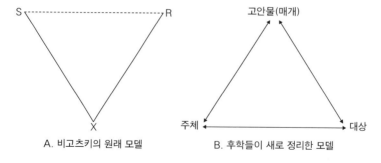

A. 비고츠키의 원래 모델   B. 후학들이 새로 정리한 모델

[그림 1-2] 비고츠키의 아이디어와 주체-매개-대상 모델

출처: Engeström, Y. (2001). Expansive Learning at Work: Toward an activity theoretical reconceptualization. Journal of Education and Work, 14(1), p.134.

간정신활동을 총체적으로 이해하고자 하기 때문에 매개 개념이 중요할 수밖에 없다. 그런데 활동이론을 창안한 엥게스트롬은 기호를 주요 매개로 본 비고츠키보다 활동 도구를 주요 매개로 본 레온티에프에게 직접적인 영향을 받았다고 볼 수 있다.

비고츠키는 행동주의 심리학자들을 비판하면서 자극(S)과 반응(R) 사이의 연결은 복잡한 매개 행위가 결부되어 있다고 주장하였다([그림 1-2]에서 A모델). 행동의 문화적 매개(X)라는 핵심 원리는 후학들에 의해 주체-매개-대상의 관계로 발전한다([그림 1-2]에서 B모델). 비고츠키가 주체-대상 사이를 인지적으로 매개하는 언어 기호라는 도구 매개 개념을 정립시켰다면, 레온티에프는 주체-대상 사이를 활동 매개 개념으로 확장했다. 여기에 더해 엥게스트롬은 주체-대상 사이에 공동체라는 요소를 하나 더 추가한다.

이에 활동이론에서 활동체계는 주체-대상-공동체라는 3가지 주요 구성요소로 이루어져 있다. 엥게스트롬은 이들 세 요소 사이의 상호작용을 매개하는 수단을, 첫째, 주체-대상 사이의 상호작용 매개인 도구, 둘째, 주체-공동체 사이의 상호작용 매개인 규칙, 셋째, 공동체-대상 사이의 상호작용 매개를 노동 분업으로 보았다. 마지막으로 이와 같이 확장된 삼각 모형으로 나타낼 수 있는 활동 체계가 장기간에 걸쳐 변화를 만들어 내면 그것을 성과outcomes라고 지칭할 수 있다고 보았다.

모순과 확장적 학습

활동체계의 구조

활동이론에서는 일 또는 학습 전체의 활동이 분석 단위이다. 왜냐하면 개인의 행동은 활동 전체 속에서 더 잘 이해될 수 있기 때문이다. 이러한 생각은 위에서 살펴본 레온티에프의 사냥 은유에서도 잘 나타난다. 원시사회의 집단사냥에서 어떤 개인들은 덤불을 헤치면서 사냥감을 겁주는 행동만을 하는데, 이러한 행동은 전체 활동체계와 떼어놓고서는 이해될 수 없다는 것이다.

이와 같이 활동이론은 활동 전체를 분석 단위로 하되 하위 분석 요소를 두고 있다. 그것은 주체, 도구, 대상, 규칙, 공동체, 노동 분업이라는 6가지 요소이다. 주체는 행위하는 사람이며, 대상은 주체가 당초 의도한 활동이며, 도구는 주체가 행동할 수 있도록 이어주는 매개 장치이다. 엥게스트롬은 비고츠키의 삼각 모형(주체-매개-대상)에다 규칙, 공동체, 노동 분업의 요소를 추가하여 확장된 삼각 모형을 새로운 방법론으로 제시하였다. 첫째, 규칙은 인간이 특정 방식으로 행동할 수 있도록 유도하는 문화적 조건을 말한다. 둘째, 노동 분업은 인간 행동을 분배하는 방식을 말한다. 셋째, 공동체는 활동체계가 속해 있는 집단을 말한다.

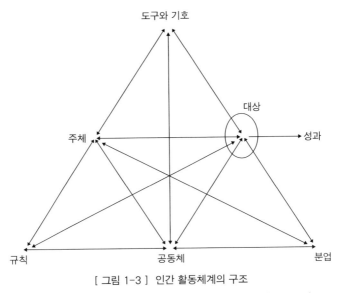

[그림 1-3] 인간 활동체계의 구조

출처: Engeström, Y. (1987). Learning by expanding: an activity-theoretical approach to developmental research. Helsinki: Orienta-Konsultit. p.78.

엥게스트롬[1987]은 활동체계 도식에서 대상 주변을 타원형으로 표현하기도 하는데, 이는 인간의 목적지향적인 행위를 명확히 특정하기 어렵기 때문이다. 물론 명확히 드러나는 인간 행위도 있지만 목적지향적 인간 행위라도 그것은 모호할 수 있으며, 생각지 못했던 일이 일어날 수 있으며, 변화를 가져올 수 있는 잠재력도 있다. 그렇기에 활동체계의 목적은 고정되어 있을 수도 있지만 또 변화 가능성을 지니는 유동적인 것이기도 하다. 이는 그가 활동체계의 대상은 인간 행위의 창조적 잠재력이 발휘되는 곳이라고 보는 관점에서 나온 것이다. 엥게스트롬[2001]에 따르면 활동체계는 여러 가지 목소리를 가진 다성성multi-voicedness으로 이루어진 것이다. 왜냐하면 활동체계의 구성원들은 제각기 사회적 노동 분업에 따른 상이한 위치에 놓여 있으며, 문화역사적 차원에서 볼 때 각기 다른 식으로 사회화된 사람들이기 때문에 이들 사이에는 모순과 긴장이 항상 존재한다. 이러한 모순은 변화의 원동력이 된다.

모순의 개념 정의와 특징

활동이론이 문화역사적 접근을 중시한다는 것은 모순이나 긴장 역시 문화역사적 성격을 지닌다는 뜻이다. 모순과 긴장이 활동이론에서 중요한 위치를 차지하는 이유는 활동체계 변화의 시발점이 모순과 긴장에 있기 때문이다. 모순이란 단지 문제점이나 갈등이라기보다 활동체계 내 또는 사이에 역사적으로 축적된 구조적 긴장이라고 정의할 수 있다. 모순은 활동체계의 변화를 유도하는 힘을 가지고 있기 때문에 조직의 변화에 관심이 있는 사람들은 모순에 관심을 기울일 수밖에 없다.

엥게스트롬과 사니노[2011]는 모순을 4가지 유형으로 구분하기도 했다. 모순이란 첫째, 개인의 말 속에서 또는 사람들 사이의 말 속에서 평가가 엇갈려, 이러지도 못하고 저러지도 못하는 딜레마 상황이다. 둘째, 저항, 동의하지 않음, 논쟁, 비판의 형식을 띤 갈등을 모순으로 볼 수 있다. 셋째, 모순이란 사람들이 스스로는 해결할 수 없다는 회의적인 생각에 빠진 상황이라 말할 수 있다. 넷째, 활동체계에서 주체들이 출구를 찾지 못하고 아무것도 모른 채 남아 있는 상황을 모순으로 볼 수 있다. 이러한 정의는 여전히 모호하고, 엄격히 구분이 안 되지만 엥게스트롬과 사니노[2011]는 대체로 이와 같은 현상이 모순에 해당한다고 보았다.

엥게스트롬[1987]은 레온티에프가 1930년대에 발전시킨 기본 개념에 더해 모순의 의미를 4차원에서 규정하고자 하였다. 첫째, 1차적 모순은 중심 활동체계를 구성하는 모든 요소에 걸쳐 지배적으로 존재하는 모순을 말한다. 엥게스트롬은 1차적 모순의 예로, 자본주의에서 상품 안에는 사용가치와 교환가치의 모순이 동시에 존재한다고 말한 바 있다. 엥게스트롬[1987]의 예시에 따르면, 핀란드 병원의 소아과에서 의사가 생각하는 최선의 처방과 이익을 내야 하는 병원의 요구 사이에서 1차적 모순이 발생한다. 둘째, 2차적 모순은 중심 활동체계의 각 요소 사이에서 발생한다. 예를 들어, 도구와 공동체 사이에서 모순이 발생할 수 있다. 셋째, 3차적 모순은 기존의 활동체계와 보다 대안적인 활동체계 사이에서 발생한다. 예를 들어, 어떤 학교에서 기존의 관행과 새로운 개혁 모형의 도입 사이에서 모순이 발생할 수 있다. 이로 인해 3차적 모순은 저항을

동반하는 경우가 많다. 넷째, 4차적 모순은 한 활동체계와 동시에
존재하는 인접 활동체계 사이에서 발생하는 모순이다. 이 4가지 모
순의 수준은 [그림 1-4]와 같이 표현되기도 하는데, 이 도식은 다
양한 수준의 모순 개념을 이해하는데 많은 도움이 된다^{Karanasios,}
Riisla & Simeonova, 2017.

　이러한 변화에 대한 관심을 확장하여, 엥게스트롬은 활동체계
가 무수히 많은 다른 활동체계와의 네트워크를 형성한다고 주장

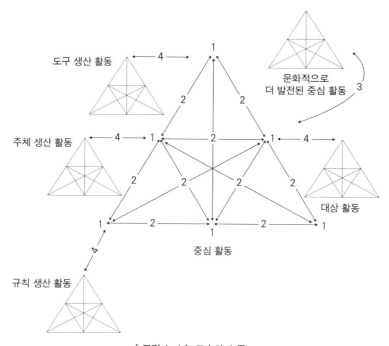

[그림 1-4] 모순의 수준

출처: Karanasios, S., Riisla, K. & Simeonova, B. (2017). Ex-ploring the use of
　　contradictions in activity theory studies: An interdisciplinary review. Presented
　　at the 33rd EGOS Colloquium: The Good Organization, Copenhagen, July
　　6-8th, p.4.

하였다. 그래서 그는 한 활동체계의 경계를 넘어 다른 활동체계와의 연계 활동joint activity을 연구의 분석 단위로 삼기도 한다. 그에 따르면 활동체계 간 연계 활동을 제대로 분석하기 위해서는 구성원들 사이의 대화, 담론, 상이한 관점, 상호작용 네트워크를 살펴보아야 한다. 인간 사회에서 하나의 활동체계는 절대로 독립적으로 존재할 수 없으며, 다른 활동체계와의 상호작용, 교환, 전이 등을 통해 진화하기 때문이다.

활동이론에서 모순이 중요한 이유는 그것이 변화의 원동력이기 때문이다. 엥게스트롬은 러시아 철학자 일렌코프[1974]의 영향을 받아 활동체계에서 모순의 중요성을 부각시켰다. 일렌코프[1974]는 활동체계 내에서 서로 상반된 힘 사이에서 발생하는, 역사적으로 축적된 변화의 원동력을 모순이라고 보았다. 엥게스트롬은 이러한 기초 위에서 변화를 가져오기 위한 동기의 원천을 모순에서 찾았다. 이러한 견지에서 모순은 변증법적 함의를 지닌다. 즉, 모순이란 골치아픈 문제나 갈등과 같이 부정적인 함의를 갖는 것이 아니고, 긍정적인 효과를 내재하고 있는 것이다. 모순을 해결하기 위한 동기는 활동체계가 보다 창의적인 해결책을 찾도록 유도하고, 주체들에게 무엇을 더 학습해야 하는지에 대해 생각할 기회를 주기 때문이다. 모순을 파악하고 이를 해결해나가는 과정을 거쳐 주체들의 사고가 확장되는 것이다.

비고츠키주의 교육연구는 학습자와 대상 세계, 그리고 이를 이어주는 교사와의 상호작용 등 다양한 매개 도구에 초점을 두고 수행되어 왔다. 활동이론은 이러한 개인 사이의 상호작용을 공동체로 확장시켜봄으로써 교육과정에서 일어나는 인간 행위에 관한 보다 통합적인 설명을 제공할 수 있도록 해준다. 이는 학습자의 분절적 행위를 포함하되, 그것을 넘어 집단 속에서 역할과 정체성을 형성해나가는 학습자의 학습과정을 분석 단위로 삼으면서 가능해진 것이다.

활동이론은 활동체계를 보다 발전시키고 그 속에서 자신이 어떤 주체로 관련되어 있는가 알기 위해 유용하게 사용될 수 있다. 이러한 사용은 활동이론의 다양한 활용 중에서 보다 실천지향적인 경향을 지니고 있다. 엥게스트룀[1999]은 학습과 실천, 인지와 행동이라는 이분법을 지양하면서 실천 속에서의 학습, 그리고 창의성을 통한 변화를 지향하는 실천 모형으로 활동이론이 활용될 수 있다고 보았다. 이에 대한 설명을 위해 그는 자신과 자신이 부여받은 과업이 전체 활동체계와 어떻게 관련되어 있는지 예시를 제시했다. 이 사례는 자신이 문화연구와 활동이론 국제학회International Society for Cultural Research and Activity Theory, ISCRAT에서 어떤 발표를 해야 하며, 또 이 학회가 보다 발전하기 위해 어떤 모순에서부터 출발해야 하는가를 쉽게 설명해준다.

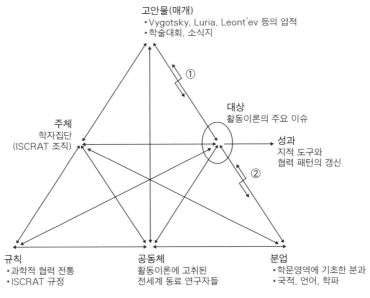

고안물(매개)
• Vygotsky, Luria, Leont'ev 등의 업적
• 학술대회, 소식지

①

대상
활동이론의 주요 이슈

주체
학자집단
(ISCRAT 조직)

성과
지적 도구와
협력 패턴의 갱신

②

규칙
• 과학적 협력 전통
• ISCRAT 규정

공동체
활동이론에 고취된
전세계 동료 연구자들

분업
• 학문영역에 기초한 분과
• 국적, 언어, 학파

[그림 1-5] 활동체계와 확장적 학습 사례

출처: Engeström, Y. (1999). Activity theory and individual and social transformation.
In Y. Engeström, R. Miettinen, and R.-L. Punamäki (Eds.) (1999). Perspectives
on activity theory, Cambridge: Cambridge University Press. p.31.

[그림 1-5]에서는 보는 바와 같이 활동체계의 진단과 모순의 파악, 그리고 이를 위한 실천 매개의 개발을 위해 기존의 모형에 추가된 기호가 번개 모양의 화살표(①, ②)이다. [그림 1-5]에서 보여주는 바와 같이 엥게스트롬 자신이 소속된 학회의 첫 번째 모순은, 대상과 매개 사이의 모순이다. 이 활동체계에서 대상은 활동이론이 직면한 이론적 도전에 대응하는 것이고, 매개는 학회가 응전하는 과정에서 협력과 토론 등이 될 수 있는데, 과업의 막중함에 비해 협력과 토론이 불충분하다면 여기서 모순이 발생한다. 두 번

째 모순은, 대상과 노동 분업 사이의 모순으로 회원들이 활동체계의 목적을 달성해나가는데 있어 학회 내부가 지나치게 파편화, 칸막이되어 있어 학문의 발전과 연구자들의 소통을 저해할 수 있다는 데 있다.

이와 같이 엥게스트롬[1999]은 학회를 하나의 활동체계로 보고, 자신이 속한 활동체계의 모순을 파악하고, 이를 극복해나가는 과정에서 구성원들의 전문성이 학습될 수 있다고 설명하였다. 활동이론 학회의 이러한 활동은 하나의 실천공동체가 자신들의 활동체계에 대해 성찰하고, 모순을 발견하여 전문성 신장과 실천을 동시에 추구하는데 큰 도움이 될 수 있다. 이러한 실천 방식을 학교에 적용하면 단위 학교를 하나의 활동체계로 설정하고, 교사들이 그 체계의 주체로서 분석과 실천에 참여할 때 유용한 결과를 도출할 수 있다.

모순과 실천 속에서 일어나는 학습

문화역사적 활동이론은 실천 속에서의 학습을 강조한다. 이 학습 모형에서는 실천 속에서 확장적 학습이 가능하도록 하기 위해 전략적 학습 행위와 모순을 서로 대응시킨다. 이러한 대응 방식은 [그림 1-6]에서 확인할 수 있다. 엥게스트롬[2001]의 확장적 학습에서 모순이 중요한 이유는 활동체계 내에서의 자발성을 중시하기

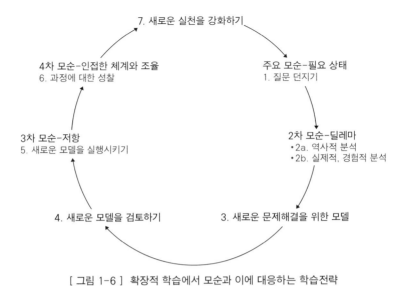

[그림 1-6] 확장적 학습에서 모순과 이에 대응하는 학습전략

출처: Engeström, Y. (2001). Expansive Learning at Work: Toward an activity theoretical reconceptualization. Journal of Education and Work, 14(1), p.152

때문이다. 활동체계 내부에서 스스로 문제를 발견하지 못한 채, 위에서 내려오거나 외부에서 들여오는 혁신은 구성원들의 성장과 학습을 이끌지 못한다. 그러한 방식의 지식전수는 학습에 있어 순응적인 습관을 들여 창조적 지식생산 경험을 갖지 못하도록 할 수 있다. 이러한 이유로 엥게스트롬은 기존의 실천 방식에 '갈등적인 질문 던지기conflictual questioning' 작업을 확산적 학습 과정에서 가장 먼저 해야 할 일로 설정하였다. 갈등적 질문은 해당 활동체계의 1차적 모순과 관련되는 것으로, 다른 모순들에 비해 근본적인 성격을 갖는다. 이와 같이 활동이론에서는 모순을 변화와 발전의 원천으로 설정한다. 모순은 단순히 고충이나 문제점을 넘어 활동체

계 내에 역사적으로 쌓인 '구조적 긴장'으로 정의된다.

이상에서 설명한 바와 같이 모순은 활동체계의 모든 요소에 내재되어 있기도 하고(1차 모순), 또 요소들 사이에 존재한다(2차 모순). 한 활동체계가 외부로부터 새로운 요소를 도입하게 되면 이때 그것으로부터 또 하나의 모순이 발생한다(3차 모순). 또한 한 활동체계와 상호작용하는 인접한 활동체계 사이에서도 모순이 발생할 수 있다(4차 모순). 하지만 이러한 충돌과 혼란은 장기적으로 볼 때 학습의 동기가 되기 때문에 효과적인 학습전략은 모순과 대응될 필요가 있다.

이러한 모순과 학습전략을 분석함에 있어, 엥게스트롬2001은 역사성, 네트워크, 다성성 등 세부적인 분석 대상도 제시하였다. 그에 따르면, 활동이론을 활용하는 연구자들은 해당 활동체계의 역사성historicity을 분석할 수 있어야 한다. 활동체계는 장기간에 걸쳐 변화가 일어나는 공간이다. 한 활동체계가 가지고 있는 문제 또는 잠재력은 그 체계의 역사를 통해서 분석될 수 있다. 역사성을 분석할 때는 먼저 해당 활동체계의 현지local 역사에 대해 분석하고 동시에 전체적인global 역사도 분석한다. 예를 들어, 한 단위 학교를 활동체계로 보고 이를 분석할 때, 그 학교의 역사는 물론 한국 학교문화에 대한 역사적 조망도 필요하다.

확장적 학습에 대한 연구는 인간의 고안물이 매개하는 집단적이고 목적지향적인 활동체계를 분석 단위로 취한다. 이 체계는 다른 체계들과 네트워크를 이루고 있다. 이 속에서 개인 또는 집단은 때로 독립적이지만 전체 활동체계와의 밀접한 관계망 속에 놓인다. 이에 연구자들은 분석하고자 하는 활동체계와 관계를 맺고 있는 활동체계에 대한 관심을 유지해야 한다. 엥게스트롬[2001]에 따르면, 이와 같이 분석 단위가 정해지면 연구자는 활동체계의 다성성 multi-voicedness에도 관심을 기울여야 한다. 활동체계는 상이한 목소리, 관심, 전통이 공존하는 공동체이기 때문이다. 한 활동체계는 다양한 지위에 속하는 사람들과 다양한 층위의 관점이 모인 공간이며, 그 때문에 갈등과 교섭이 끊이지 않는다. 그러나 여기서 발생하는 모순은 혁신의 원천이 될 가능성이 높다.

이와 같은 분석은 활동체계의 확장적 변화 가능성이 무엇인지 알 수 있게 도와준다. 활동체계는 장기간에 걸쳐 질적인 변화를 겪는데, 그 변화의 전기는 모순에서 마련되는 경우가 많다. 한 활동체계의 모순이 축적되면, 일부 구성원들은 의문을 제기하기 시작하고 집단의 규범을 바꾸고자 시도하게 된다. 한번 변화가 일어나면 기존 활동 유형을 조금 변경하는 것보다 전방위적으로 변화의 지평이 열리는 경우가 자주 있다. 이때에는 활동체계의 주체, 대상, 매개, 규범 등 전 영역에 걸쳐 변화가 연쇄적으로 일어나기도 한다. 엥게스트롬[1999]은 기존 활동체계와 새로 등장하는 새로운 활동체계 사이의 거리가 바로 활동의 근접발달영역zone of proximal development of the activity이라고 보았다. 이는 비고츠키의 인지적 근접발달영역 개념을 활동체계로 확장한 것이다. 이러한 확장은 비고츠키를 지나치게 개인주의 심리학으로 전유하는 흐름을 넘어 문화역사적 측면에서 비고츠키주의 교육이론의 발전에 기여한다는 점에서 의의를 찾을 수 있다.

이 책은 이와 같은 활동이론의 관점에서, 특히 모순의 중요성을 염두에 두면서 실천 속에서 학습하는 전문가로서의 교사상을 전제로 하여 저술되었다. 이 책의 2장에서 5장은 학교라는 공동체를 활동이론을 통해 바라보고, 혁신학교 공동체를 학습공동체, 배려공동체, 정의공동체, 그리고 전문가공동체 관점에서 분석하였다.

무엇보다도 먼저 혁신학교는 교실을 하나의 문화 또는 공동체로 인식함으로써 단 한 명도 소외됨 없이 누구나 잘 배울 수 있는 학습공동체로 만들어나가고 있다. 이와 관련해서는 학습공동체의 모순과 이를 극복하기 위한 새로운 매개에 대해 밝히고 있는 2장을 참조하면 될 것이다. 둘째, 혁신학교는 학교와 교실 안에 있는 모든 사람들 사이의 관계를 '염려'와 '배려' 관계에 기초하여 교실의 생태계를 윤리적으로 복원하고자 한다. 3장에서는 이를 위한 매개와 효과에 대해 서술하였다. 셋째, 학교는 다양한 기회를 배분하며, 동시에 다양한 정의의 문제를 다룬다. 이와 같이 정의공동체로서의 학교는 정의로운 교육기회 분배, 민주적 의사결정, 민주시민교육, 사회정의교육을 다루는 곳이다. 이에 대해서는 4장을 통해 독자와 만날 것이다. 넷째, 교육의 목적을 달성할 수 있는 최고 전문가는 교사 집단이다. 그래서 교사학습공동체는 매우 중요하다. 공교육의 가치를 실현하고, 모든 아이들의 성장을 위해서는 함께 실천하는 학습공동체 형성이 필수적이다. 이와 관련된 논의는 5장에서 다루었다.

2장

학습공동체로서의 학교

이숙현, 류성용, 박필재, 이천수

왜 학습공동체인가?

교육은 예나 지금이나 사회의 가장 큰 관심사이고 그 시대의 흐름에 부합한 인간상을 길러내는 것을 목표로 한다. 그 과정에 수업이 중추적인 역할을 했고, 수업혁신은 혁신 교육의 핵심 과제 중 하나다.

교사는 수업 때문에 괴롭기도 하지만 반대로 신바람이 나기도 한다. 계획한 대로 수업이 잘 진행될 때, 수업에 몰입하는 학생들을 볼 때 교사는 행복하다. 그러나 수업이 뜻대로 풀리지 않으면 지치고 무력감이 밀려온다. 혹시나 수업 중 학생과 갈등이라도 생기면 하루 종일 우울감에 시달리고 자신을 무능력한 교사로 생각하기도 한다.

학생도 마찬가지이다. 학교생활의 대부분이 수업이다 보니 수업이 즐거우면 학교생활도 즐겁다. 수업 속에서 보람을 느끼고 관계를 맺고 또 성장한다. 이렇듯 수업과 학습은 교사와 학생에게 가장 핵심이다.

본 장에서는 혁신학교의 '수업'과 '학습'에 관해 다룬다.

'수업'을 표현할 수 있는 한자는 '受業, 修業, 授業'이다. 각각에 해당하는 뜻을 국어사전에서 찾으면 다음과 같다^{국립국어원 표준국어대사전, 2018}.

01 수업(受業) 「명사」
기술이나 학업의 가르침을 받음. 또는 그런 일.

02 수업(修業) 「명사」
기술이나 학업을 익히고 닦음. 또는 그런 일.

03 수업(授業) 「명사」
1. 교사가 학생에게 지식이나 기능을 가르쳐 줌. 또는
   그런 일.
2. 학습을 촉진시키는 모든 활동.

위 세 가지 정의 중 어떤 것이 우리 교실의 '수업'을 가장 잘 표현한 것일까? 우리는 그동안 세 번째 정의인, 교사가 학생에게 지식이나 기능을 가르쳐주는 것을 수업으로 보았다. 교사가 주체가 되어 학생을 가르치는 것을 수업으로 보았던 것이다.

하지만 우리가 추구하는 수업은 위의 세 가지를 모두 아우를 수 있어야 한다. 수업의 주체는 학생과 교사 모두이다. 혁신학교에

서는 위에서 제시한 수업의 세 가지 의미를 모두 추구하려고 노력한다. 이것을 우리는 '학습공동체'라고 명명하고자 한다.

학습공동체라는 말 속에는 우리 교육이 지향해야 할 많은 지침과 방향이 녹아 있다. 수업 속에는 '학습'이 이루어진다. 수업이라는 말이 학생보다는 교사 위주의 느낌이 강하다면 '학습'은 학생중심적인 용어이다. 따라서 '학습공동체'는 학생들의 배움에 주의를 기울인다. 그리고 그 배움은 교사와 학생, 학생과 학생 사이의 상호관계성을 바탕으로 상호존중과 협력에 의해 이루어진다.

혁신학교의 수업이 학습공동체를 지향한다고 하는 것은, 혁신학교가 추구하는 학습이 협력을 통한 성장을 중시하며 어떤 학생도 배움에서 소외되지 않아야 한다는 것을 의미한다. 많은 시도교육청에서는 혁신 교육을 추진하면서 '한 명의 학생도 포기하지 않는 교육'을 강조하고 있다. 혁신학교에서는 배움의 출발점이 늦은 학생, 배움의 속도가 늦은 학생, 사회경제적으로 어려운 환경에 있는 학생들에게 많은 관심을 기울인다. 이는 모든 학생들을 존중하고 발전가능성이 있는 소중한 존재로 여기기 때문이다. 그리고 이를 가능하게 하는 수업이 바로 '학습공동체'인 것이다. 경쟁 중심의 줄 세우기 교육은 경쟁에서 낙오한 학생을 포기하지만, 공동체를 지향하는 교육은 단 한 명도 포기하지 않는다. 이것이 혁신학교의 수업을 '학습공동체'로 바라보는 이유이다.

여기서 말하는 학습공동체를 간단하게 정의하면 다음과 같다.

교실 속 학습공동체는 학생들이 서로 존중하고 의지하며 대화와 협력을 통해 함께 배우고 성장하는 것을 목표로, 출발점이 늦은 학생, 이해를 잘 못하는 학생, 형편이 어려운 학생을 모두 포용하여 모두가 빛나는 교육을 실천하는 학생들의 학습공동체이다.

　　경쟁에서 협력으로, 수월성에서 공동체성으로, 획일성에서 다양성으로, 수동성에서 능동적으로 체질전환을 시도한 것이 혁신학교이다. 이런 전환의 집합체가 수업이고 학습이다.

　　2009년에 혁신학교가 첫걸음을 뗄 때, 경기도 교육청에서는 우리 교육이 안고 있는 문제에 대한 근본적인 해결책으로 '수업·교실·학교·행정·제도'의 5대 혁신 과제를 제시하였다. 그 첫 번째 과제인 '수업혁신'은 5대 혁신의 핵심 과제였으며, 다른 혁신 과제들은 '수업혁신'을 지원하는 과제들이었다. 자연스럽게 혁신학교에서는 다양한 매개를 이용하여 수업을 변화시키려고 노력하였고, 현재 많은 긍정적인 변화가 있었다.

　　혁신학교 이전에도 수업을 변화시키려는 시도가 있었지만 혁신학교의 수업혁신은 그 이전과는 확실히 달랐다. 기존의 수업에 어떤 문제가 있었기에 수업혁신을 중핵으로 하는 혁신 교육을 추구했을까? 혁신학교의 추진과 함께 교사의 변화, 수업의 변화를 요구하는 연구와 저서가 쏟아져 나왔다. 수업혁신에 대한 교사들의 자생적인 목소리가 높아졌고, 그것을 실천한 교사들의 사례들이 다양한 방법을 통해 속속 발표되었다. 교육청에서는 앞다퉈 수업 혁신을 실천하는 교사들의 사례를 다른 학교에 파급하기 위한 연수에 연수를 거듭하였고, 사례집을 제작하여 일선 학교에 보급하였다. 학교 내에서도 수업을 변화시키기 위해 교사들이 모이고 협의하고 또 협의했다.

강산도 10년이면 변한다는데 이렇게 10여 년 동안 추진해온 수업혁신으로 우리 교육은 얼마나 변했을까? 그동안 안고 있던 학교, 교실에서의 문제들은 대부분 해소되었을까? 그 과정에서 우리는 문제를 해결하기 위한 깊이 있는 성찰과 논의를 했는지 이제는 돌아봐야 할 시점이다.

그래서 여기에서는 학습공동체로서 혁신학교의 발생과 성장, 그리고 앞으로 나아갈 바를 활동이론을 중심으로 서술하고자 한다. 구체적인 논의 주제는 다음과 같다. 첫째, 혁신학교 이전의 교실 수업의 형태는 어떠했으며 어떤 모순이 있었을까? 둘째, 혁신학교에서는 어떤 매개를 이용하여 교실 수업을 바꾸려고 했는가? 셋째, 혁신학교의 학습은 여전히 어떤 모순을 안고 있으며, 이를 해결하기 위한 방안은 무엇이 있는가?

이런 논의를 통해 우리는 혁신학교에서의 수업혁신이 학생과 교사, 학교의 모습을 어떻게 바꾸고 있는지, 학습공동체로서 혁신학교가 한 단계 더 도약할 방안은 무엇인지에 대한 어느 정도의 해답을 찾으려고 한다.

학습공동체 관련 이론

비고츠키 학습이론

혁신학교에서 추구하는 학습은 비고츠키의 학습이론을 기반으로 한다. 비고츠키는 아동을 타인과의 관계 속에서 영향을 주고받으며 성장하는 사회적 존재로 보았다. 특히 언어의 사용은 그 사람의 인지 발달의 척도라고 보고 매우 중요하게 여겼다. 비고츠키는 언어를 내적언어와 외적언어로 구분하였다. 내적언어는 사고의 도구이며, 외적언어는 다른 사람과의 의사소통의 도구이다. 인간의 발달은 외적언어를 통해 다른 사람과 의사소통을 하는 사회적 과정과 이를 내적언어로 내면화하는 과정에서 이루어진다고 하였다.

비고츠키는 이를 설명하기 위해 '근접발달영역'이라는 개념을 사용하였다. 근접발달영역ZPD, Zone of Proximal Development이란, 학습자 혼자의 힘으로 문제를 해결할 수 있는 실질적인 발달 수준과

성인의 지도나 유능한 또래와의 협력을 통해 해결할 수 있는 잠재적인 발달 수준 간의 간격을 말한다. 비고츠키의 이론에 따르면 교사는 학생의 잠재적인 발달 수준을 최대한 발휘할 수 있는 여건을 만들어주어야 하는 존재다.

비고츠키가 강조한 언어의 사용, 근접발달영역은 모두 협력과 상호작용을 필요로 하며 수업에서 교사나 동료 학생과의 협력이 중요함을 시사한다. 이런 점에서 비고츠키 학습이론은 우열반 수업이나 일방적인 전달 중심의 강의식 수업과 상반된다. 이에 비해 혁신학교에서 추구하는 협력학습 형태는 비고츠키 이론이 추구하는 방향과 일치한다.

이러한 교육관에 따르면, 교사가 협력학습을 위해 모둠을 편성할 때에는 능력의 차이가 있는 다양한 학생들이 섞일 수 있도록 해야 한다. 우열반 수업과 같이 비슷한 능력을 가진 학생들끼리 모여서 학습을 하는 것은 효과적이지 않다. 수준이 낮은 학생들끼리 모여 있는 집단은 학습을 촉진시킬 능력 있는 또래가 없어서 학습 의욕도 낮고 서로에게 긍정적인 영향을 주기 어렵다. 반대로 능력 있는 학생들로만 구성된 경우에는 경쟁이 과열되어 학생들 사이에 협력을 기대하기 어렵다. 따라서 교사들은 서로 다른 능력을 지닌 학생들로 모둠을 구성하고 모둠 내에서 실질적인 협력이 일어날 수 있도록 해야 한다. 이를 위해 교사는 다양한 능력을 지닌 학생들을 존중하고 협력하는 교실 문화를 위해 '관계형성'에 많은 관심을 기울여야 한다.

배움의 공동체 이론

혁신학교에서 학습에 대해 논할 때 빼놓지 않고 거론되는 이론 중 하나는 사토 마나부 교수의 '배움의 공동체'이다. 사토 마나부 교수는 배움의 공동체 학교는 한 명의 아이도 배움에서 소외시키지 않고, 배움의 질을 높이는 교육을 하며, 교사를 전문가로 성장시키는 것이 목표라고 하였다. 배움의 공동체 이론의 목표는 '단 한 명의 아이도 포기하지 않는다'이다. 이는 혁신 교육의 선두 교육청이라고 할 수 있는 경기도 교육청의 첫 번째 교육 약속인 '단 한 명의 아이도 포기하지 않겠습니다'와 일치한다.

사토 마나부도 학습에서 대화와 협력을 강조했다는 점에서 비고츠키의 이론을 적용했다고 볼 수 있다. 사토 마나부는 동아시아 교육에서 공통적으로 일어나고 있는, 학생들이 '배움으로부터 도주하고 있는' 현상에 주목하고 이는 진정한 배움이 일어나지 않는 교육 현장의 문제라고 하였다. 배움으로부터의 도주는 교육 현장에서 배움이 아닌 공부를 강요한 탓이며, 배움은 공부와 달리 '만남'과 '대화'가 있어야 한다고 주장하였다.

배움의 공동체 이론에서 사토 마나부는 배움을 세 가지 차원의 대화적 실천이라고 하였다. 첫 번째 차원은 '세계 만들기'를 추구하는 교육 내용과의 만남과 대화이다. 학생은 교과서나 학습교재를 통해 학습 주제와 만나 대화하고, 교사가 던진 질문을 통해 그 주제에 대해 생각하면서 배움이 일어난다는 것이다. 두 번째 차원은 '친구 만들기'를 추구하는 교사나 친구와의 만남과 대화이다. 배움의 공동체에서는 학생들끼리 주고받는 대화와 협력의 모습에 특히 주목한다. 대화는 배움의 중요한 도구로 학생들은 주고받는 대화를 통해 배움을 얻게 된다고 하였다. 그리고 배움의 공동체 이론을 실행할 수 있는 수업은 '협력수업'이라고 하였다. 세 번째 차원은 '자기 만들기'를 위한 자기 자신과의 만남과 대화이다. 학생들은 학습교재, 교사, 친구와의 만남과 대화를 통해 배움과 함께 자기 자신과도 대화하며 배움을 얻는다고 보았다.

이와 같은 배움의 공동체 이론은 혁신학교에 'ㄷ자형 자리 배치'와 대화를 통한 협력적인 배움이 일어나는 수업을 지향하게 만들었다. 이 이론에 따르면 배움이 부족한 학생은 친구에게 모르는 것을 질문하고 대화하는 과정에서 배움이 일어나고, 우수한 학생은 질문을 한 친구에게 대화를 통해 설명을 하면서 더 정확하고 깊이 있는 배움을 경험하게 된다는 것이다. 그러나 대화만 한다고 배움이 일어나는 것은 아니다. 서로 이야기하는 것보다 더 중요한 것은 서로 들어주는 관계이고, 이미 알고 있는 것보다 높은 과제를 해결하면서 배움이 이루어져야 한다. 즉 함께 공유하는 공통의 배움 단계를 거치고, 그 다음에는 점프 과제를 통해서 진정한 배움에 도달한다. 공통의 배움은 교과서 수준의 배움이고, 점프가 있는 배움은 교과서를 뛰어넘는 수준의 배움이다.^{사토 마나부, 한국 배움의 공동체 연구회, 2014}.

배움의 공동체 이론에서는 수업에 대한 교사들의 관점에 변화가 있어야 한다고 주장한다. 특히 동료 교사들의 공개수업을 참관하면서 작성하는 수업 참관록은 교사가 수업을 어떻게 하는가의 시선에서 학생이 어떻게 배우고 있는지에 초점을 맞추게 하였다.

영역	관점
학습자의 배움	1. 학습자는 어디에서 배우고 어디에서 주춤거리고 있는가? 2. 교사의 지시(지도)에 학생들은 어떻게 배우고 있는가? 3. 학생들은 배움의 맥락을 이해하는가? 4. 학습과 관련한 의미 있는 모둠활동이 이루어지고 있는가? 5. 학습자의 점프가 있는 배움은 이루어지고 있으며, 어느 지점에서 이루어지고 있는가?
교사의 활동	1. 교사는 학습자 한 명, 한 명에게 주목하는가? 2. 학습자와 '학습자, 사물, 사건'과의 연결 및 관계는 어떻게 하고 있는가? 3. 교실에서 배움과 상관없는 불필요한 언어와 행동은 없는가?
관계	1. 교실에서 서로 들어주는 관계가 잘 형성되어 있는가? 2. 협동적인 배움이 일어나고 있는가?

출처: 손우정(2012). 배움의 공동체. p.150.

[표 2-1] 배움의 공동체에서의 수업 공개 참관 관점

이렇게 볼 때 배움의 공동체는 다음 세 가지 철학을 기반으로 하고 있다. 첫째는 공동성의 철학이다. 보통 교사들은 자신의 수업을 공개하는 것을 꺼리거나 두려워한다. 하지만 배움의 공동체에서는 교실의 문을 열고 수업을 개방하고 동료 교사와의 연대를 강조한다. 둘째는 민주주의 철학이다. 교실 속 학생들은 모두가 존중받아야 하고 모두가 주인공이기 때문에 수업 중 모든 학생의 목소리를 존중한다. 셋째, 탁월성의 철학이다. 배움의 공동체 수업에서 사용하는 학생 활동지에는 '점프 과제'라는 것을 볼 수 있다. 학생들

이 기본적인 배움을 바탕으로 보다 높은 단계로 점프할 수 있도록 해야 한다는 배움의 공동체 철학이 반영된 것이다. 가르치고 배우는 수준을 높여야 하며, 이를 위해서는 다른 사람과 소통하고 협력하는 것이 중요하다.

배움중심수업

배움중심수업은 경기 혁신 교육의 핵심 내용 중 하나이다. 경기도 교육청은 주입식 지식 교육, 학교폭력, 과도한 경쟁 등의 문제에 대한 근본적 해결책을 찾기 위해 고민하였고, 이를 위해 수업혁신이 필요하고 수업혁신의 일환으로 배움중심수업을 도입하였다. 배움중심수업은 더 좋은 수업을 통해 더 좋은 사회로의 변화를 위한 새로운 교육 패러다임이다.

경기도 교육청은 배움중심수업을 삶에 필요한 역량을 기르기 위한 학생의 자발적 배움이 일어나는 수업으로 규정하면서, 그 기반이 되는 철학을 다음 네 가지 영역에 따라 규정하고 있다경기도 교육청, 2016.

첫째, 배움중심수업에서 지식은 변하는 것이며, 형성 과정이 중요하다. 지식을 '이미 완성되어 고정불변하는 것'으로 인식할 때, 수업의 방법은 일방적인 전달이 될 수밖에 없다. 따라서 지식은 학생의 삶과 유의미한 관계를 맺으며 형성되는 것으로 정의된다. 둘째,

학생은 스스로 성장하는 힘을 지닌 주체적 인격체다. 학생들은 학생과 학생, 교사와 학생 간의 활발한 소통을 통해 지식을 얻고 배움을 얻어야 한다. 셋째, 수업은 학습자의 자기주도성과 자발성에 기초하여 교사와 학생의 지속적인 교류와 소통을 통해 지식을 함께 창조하는 과정이다. 이때 교사는 학생의 배움과 성장 과정에 관여하며, 교사 자신의 배움과 성장을 동시에 경험하게 된다. 넷째, 배움중심수업은 배움과 삶이 일치하는 수업을 추구한다. 교실은 교사와 학생의 삶에 기초한 배움이 일어나는 공간이며, 협력적으로 이루어지는 배움은 삶의 과정이라고 볼 수 있다.

이와 같은 철학을 기반으로 경기도 교육청은 배움중심수업을 아래와 같이 정리하고 있다.

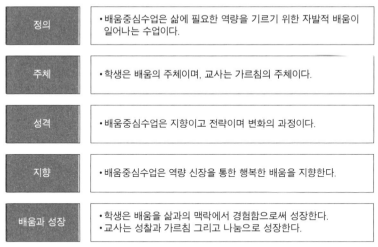

정의	• 배움중심수업은 삶에 필요한 역량을 기르기 위한 자발적 배움이 일어나는 수업이다.
주체	• 학생은 배움의 주체이며, 교사는 가르침의 주체이다.
성격	• 배움중심수업은 지향이고 전략이며 변화의 과정이다.
지향	• 배움중심수업은 역량 신장을 통한 행복한 배움을 지향한다.
배움과 성장	• 학생은 배움을 삶과의 맥락에서 경험함으로써 성장한다. • 교사는 성찰과 가르침 그리고 나눔으로 성장한다.

출처: 경기도 교육청 교육과정정책과(2016). 배움중심수업 2.0의 이해와 실천. p.11.

[표 2-2] 배움중심수업의 정의

혁신학교의 수업을 관찰하고 분석한 여러 연구 자료들을 살펴보면 수업에서의 무게 중심이 전수 중심에서 학생으로 이동한 것은 분명하다. 과거에도 수업 공개를 한다고 하면 모둠으로 자리를 배치하고 무언가를 새롭게 해보려는 시도가 분명히 있었다. 그때에도 일방적인 전달식 수업은 문제가 있다는 인식을 했고, 변화를 고민했다. 하지만 그 고민은 매우 미미했고, 우리 사회에 중요한 화두가 되지 못했다. 그러나 혁신학교는 그에 대한 고민을 수면 위로 올렸으며, 많은 교사들이 협력적으로 고민하고 실천하고 성찰하여 성장을 이루었다. 이것은 그 이전과의 두드러진 차이점으로 국가나 교육청에서 변화를 강요한 것이 아니라 교사들이 자발적으로 변화를 갈망하고 노력했다는 점에서 매우 의미가 크다.

왜 수업을 고민하게 되었을까?

잊어버린 교육목표

우리나라의 교육 기본법 제2조에는 '교육은 홍익인간弘益人間의 이념 아래 모든 국민으로 하여금 인격을 도야하고 자주적 생활 능력과 민주시민으로서 필요한 자질을 갖추게 하여 인간다운 삶을 영위하게 하고 민주국가의 발전과 인류 공영의 이상을 실현하는 데 이바지하게 함을 목적으로 한다.'라고 명시되어 있다.

교육의 핵심이라고 할 수 있는 수업을 통해 달성하고자 하는 목표Object는 '홍익인간弘益人間'이다. 즉 널리 인간을 이롭게 하는 것, 더불어 살아가는 민주시민으로 성장시키고 창의성을 키워주는 것이 교육의 목표인 것이다.

우리나라는 시대의 흐름에 따라 국가 교육과정을 여러 차례 개정하였다. 교육과정의 변천과 함께 교육목표가 조금씩 차이를 보였으나 그것이 추구하는 방향은 크게 다르지 않았다. 6차 교육과정기(1992~1997)에서는 건강, 자유, 창의, 도덕을 추구하였고, 민주시민의 공동체 의식과 도덕성을 배양하는데 목표를 두었다. 학생중심 교육과정을 표방한 7차 교육과정에서는 독창적이고 창의적인 인재를 양성하는 것이 교육목표였다. 2007, 2009 교육과정, 그리고 2015 개정교육과정에서 추구하는 교육목표는 진로개척능력을 키우고 바람직한 민주시민으로 성장시키는 것이었다.

6차 교육과정기부터 2015 개정교육과정까지 지속적으로 강조하는 것은 '창의, 민주시민, 도덕'이다. 우리는 여기서 모순점을 찾게 된다. 수업의 주체인 교사는 교과서 중심으로 지식을 전달하는 수업을 하고, 학생들은 수동적으로 지식을 받기만 하는 이런 교실환경에서 국가가 추구하는 민주적이고 창의적이며 윤리적인 인재를 양성할 수 있을까?

창의성을 저해하는 교육과정

기존의 수업에서는 교과서, 국가 주도의 교육과정, 객관적인 평가가 수업의 주요 매개이다. 교과서는 진리였고, 수업의 가장 중요한 도구였다. 교과서는 교육과정에서 추구하는 목표를 달성하기 위한 하나의 매개에 불과한 것인데 교과서가 교육과정의 전부인 것처럼 수업하고 평가하였다.

교과서 중심의 수업에서 교사와 학생 사이의 관계가 확실하게 구분되었으며, 교사는 일방적으로 가르치고 학생은 그것을 수동적으로 받아들였다. 이것은 중등학교에서 두드러져 중등학교 수업에서는 질문이나 대화는 거의 없었다. 열심히 강의한 교사는 질문이 없을 거라는 확신을 하며 '질문 있니?'라고 물었고, 이때 질문을 하는 것은 수업을 제대로 이해하지 못했다는 걸 드러내는 것이어서 대부분의 학생들은 입을 다물었다. 이런 상황에서 '조용히 해라!', '필기해라', '진도 나가자', '밑줄 그어라' 등과 같은 교사의 명령어는 당연한 것이었다.

학교에서 교육과정은 통상적으로 국가 수준의 교육과정 문서이자 그 내용은 교과서에 그대로 녹아있어, 교과서 단원 차례대로 수업을 하면 된다고 생각했다. 교과서를 보기 전에 교육과정을 먼저 살펴보고, 학생과 여건을 고려하여 교과서 속에서 버려야 할 것, 재구성해야 할 것들을 고민해봐야 했지만 교과서에 제시된 차례대로 수업하고 평가하였다. 사실 교과서는 교육과정을 구현하기 위한 하나의 학습자료에 불과하기 때문에 교사는 그 학습자료를 변형해도 되고, 학습자의 여건에 맞지 않는다면 버려도 되는 것인데 그에 대한 문제의식을 갖지 못했던 것이다.

그렇다고 국가 수준의 교육과정을 부정하라는 말은 아니다. 국가는 의무교육의 질을 일정 수준 이상으로 관리할 책무가 있다. 대한민국 국민이라면 누구나 교육을 받을 의무가 있고 교육목표를 정해 그 과정을 안내하는 것은 당연하다. 하지만 문제는 학교나 학생 수준의 교육과정을 고민하지 않았다는 것이다. 전국의 모든 학교는 각각 다른 환경과 특성을 지니고 있기 때문에 국가 수준의 교육과정을 적용하면서도 동시에 학교나 학급 수준에 적합한 교육과정을 고민했어야 했다. 교육과정의 다양성을 간과한 것이다.

교육과정에 있어서도 교과 간의 분리가 강하였다. 초등에서는 담임교사가 대부분의 교과를 수업하기 때문에 그나마 서로 연결지어 수업을 할 수 있지만, 중등에서 교사들은 다른 교과에 대해 그다지 관심을 갖지 않는다. 자신의 교과 진도 빼기에도 바빠 대개는 '단편적 지식 위주의 교육과정'으로 교과의 지식을 전수하는데 급급했다. 이처럼 학생들의 삶과 경험, 역량 등을 고려하지 않은 단편적이고 일방적인 교육과정은 창의적이고 민주적인 인재를 키우는데 한계가 있을 수밖에 없었다.

변별 도구로서의 평가

평가에 있어서도 마찬가지다. 정답이 하나뿐인 선택형 평가는 상급학교 진학의 도구로 사용되어 학생의 서열화를 위한 가장 공정한 기능을 하는 장치로 여겼다. 학생들도 배움을 통한 성장의 도구가 아닌 시험점수를 잘 받기 위한 학습을 하였다. 특히 고3 교실에서는 문제풀이식 수업이 많고, 주어진 시간 안에 문제를 잘 푸는 방법을 가르친다. 삶과 연계한 배움, 창의성을 함양하고 민주적인 시민으로 성장하기 위한 평가와는 너무나 거리가 멀었다. 교육이념이나 교육목표와는 동떨어진 평가를 한 것이다.

특히 평가가 상급학교 진학의 도구로 쓰이다 보니 학부모나 학생들은 평가 결과에 지나치게 민감하고, 평가 후 문항 오류나 복수정답에 대한 시시비비로 시끄러운 상황이 빈번하게 일어났다. 서술형·논술형 문항은 교사의 주관성이 개입될 수 있다는 이유로 기피하였고, 객관식 위주의 답이 명확한 평가를 선호하였다. 평가는 학습의 결과를 측정하는 도구의 기능도 있지만 학생의 성장을 돕는 수업의 과정임을 간과한 것이다.

수업은 학생들의 삶이나 경험과 연계되지 못하고 단순히 시험을 잘보기 위한 과정이었다. 학교 수업시간에는 자고, 학원에서 공부하여 시험은 잘보는 학생이 생기는 것도 과정보다는 결과를 중시하는 이런 평가관 때문이라고 할 수 있다.

2011년 성취평가제가 도입된 이후 중학교에서 석차를 산출하지 않고 있다. 석차를 산출하지 않는 중요한 의도는 학생의 입장에서 학생이 성취 기준에 도달했는지를 확인하고 그 결과는 학생의 성장을 지원할 자료로 활용하라는 취지이다. 그러나 과연 학교 현장에서 상대평가의 요소가 사라졌는지 의문이다. 학부모들과 학생들은 여전히 석차에 관심이 많고 일부 교사들도 학생들을 성적에 따라 줄 세우려는 관행이 여전히 남아 있다. 객관식 위주의 지필평가는 창의적이고 민주적인 학생보다는 시험 잘보는 학생을 키우는 것에 동조하고 있다고 볼 수 있다.

지양해야 하는 수업 방식

학생들의 시선은 교사를 향하고 교사는 한 손에는 분필, 한 손에는 교과서를 들고 끊임없이 지식을 전달한다. 학생들은 묵묵히 교사의 말을 받아 적고, 몇몇은 졸거나 장난을 친다. 일반적인 학교에서 흔히 볼 수 있는 수업 풍경이다.

학생들을 고려하지 않은 많은 양의 지식 전달은 '잠자는 교실'을 만들었고, '수포자, 영포자' 같은 수업에서 소외되는 학생들을 양산하였다. 교사는 주입식 수업에 잘 따라오는 학생들 위주로 수업하고, 나머지 학생들의 배움에는 크게 관심을 갖지 않는다. 교사는 일방적인 지식 전달자이고, 학생들은 수동적인 수용자일 뿐이다. 지식을 잘 전달받은 학생은 우등생이 되고 그렇지 못한 학생은 열등생이 되었다. 이는 교육을 출세를 위한 도구로 여기는 우리 사회의 단면이기도 하지만, 교사도 이를 강화하는데 동조했음을 인정해야 한다.

미국의 제멜만, 데니엘즈, 하이디[Zemelman, Daniels & Hyde, 2005]는 미국에서 수행되어 온 다양한 연구 자료를 종합하여 지양해야 할 수업 방법을 다음과 같이 제시하였다.

- 교사 주도적 교실 수업
- 학생들이 앉아서 듣고 정보를 받아들이는 등 수동적으로 참여하는 수업

- 교사가 학생들에게 일방적으로 전달하는 수업
- 조용한 학생에게 칭찬하고 보상하는 수업
- 빈칸 채우기 등으로 학생들이 앉아서 필기하는 데 대부분의 시간을 소비하는 수업
- 교과서나 권장 도서를 읽는데 시간을 보내는 수업
- 교사가 모든 교과를 포괄하면서 피상적인 수준에서 가르치는 수업
- 사실의 암기에 중점을 두는 수업
- 경쟁과 성적을 중시하는 수업
- 능력별 집단으로 학생들을 분류하는 수업
- 표준화된 검사에 의존하는 수업

여기에서 제시한 지양할 수업 방법을 우리는 여전히 지향하고 있는 셈이다. 그러면서 매우 이상적인 인간을 양성하겠다는 목표를 추구하고 있으니 한숨이 저절로 나온다. 경쟁적이고 비협력적인 형태의 공동체와 분업의 모습을 지닌 수업으로 '널리 인간을 이롭게 한다'는 홍익인간이라는 교육이념을 구현하고자 한 것이다. 국가 교육과정이 제시한 창의적이고 민주적인 인재는 이상에 가두어 둔 채 교실에서는 경쟁에서 살아남는 승자를 양산하는 게 우리 교육의 현실이다.

비민주적 규범, 침묵하는 학생

학생과 학생의 관계는 어떤가? 교사가 전달하는 지식을 받아들이기에 여념이 없는 상황에서 학생들끼리의 의견 교류는 필요치 않다. 교사가 전달하는 내용을 경청하고 받아 적고, 외우는 것이 수업의 전부다 보니 대화를 통한 상호활동은 엄두도 낼 수 없다. 같은 교실에서 하루 종일 동고동락하는 친구가 학습의 협력자가 아닌 경쟁자가 되고, 물리쳐야 할 대상이 된 것이다. 경쟁에서 뒤처진 아이들은 자거나 장난을 치면서 수업에서 점점 소외되고 학교생활에서 행복을 느끼지 못한다. 졸업을 하려면 수업일수를 채워야 하니 학교에는 오지만 수업에 흥미를 못 느껴 침묵하거나 반대로 떠드는 방해자가 된다. '교실붕괴', '잠자는 교실'은 어찌 보면 당연한 결과인지 모른다.

교사들은 고민하고 갈등하였다. '잠자는 학생을 어떻게 깨워야 하나? 수업에 참여하지 못하고 방해하는 학생들을 어떻게 수업 속으로 끌어들일까?' 체벌이 교실에서 사라지면서 이런 학생들을 다스릴 방법이 필요했다. 그래서 등장한 것이 벌점제도였다. 벌점제도는 이상적인 방법처럼 보였고, 많은 학교에서 유행처럼 도입하였다. 하지만 벌점제도가 배움으로부터 도피하는 학생들의 마음을 다잡기에는 역부족이었다. 벌점제도는 학생들을 위한 것이 아닌 수업에서 학생을 장악하려는 교사 중심의 무기였다.

교사와 교사의 관계에서도 협력은 잘 일어나지 않았다. 각자 자신만의 교실에 갇혀 자신만의 수업을 하였다. 수업을 공개하는 것은 마치 벌거숭이가 되어 무대 위에 오르는 것같이 부끄럽고 어려운 일처럼 느꼈다. 수업을 위해 교사들이 함께 공부하고 고민하며 서로의 수업에서 배울 점을 찾고자 하는 노력은 거의 없었다. 수업 공개는 형식적인 것에 치우쳐 평소에는 쓰지 않던 수업 교구를 사용하거나 평소와 달리 학생들에게 경어를 사용하고, 몇몇 학생들에게 발표를 시키는 정도의 수준으로 이루어졌다. 심지어는 공개 수업을 위해 연습으로 수업을 하고 발표할 학생과 발표 내용까지 정해둔 상태에서 연출된 수업을 하기도 하였다. 이처럼 교육 주체들 사이에 협력이 없고 민주적이지 않은 상황에서 민주시민을 키워낸다는 것은 어불성설이었다.

혁신학교는 왜 학습공동체를 지향하는가?

앞에서 살펴본 것처럼 기존의 수업체계는 많은 모순을 안고 있었다. 모순은 갈등을 낳기도 하지만, 갈등은 발전을 가져올 수 있다. 수업혁신은 바로 이런 모순을 극복하는 노력이었다. 어려움에 부딪히고 그것을 극복하는 과정에서 혁신 교육은 성장하였고 우리의 교육을 조금씩 바꾸었다. 혁신학교는 학생 한 명 한 명의 꿈과 미래를 중심에 놓고, 경쟁에서 협력으로, 수월성에서 공동체성으로, 획일성에서 다양성으로, 수동성에서 능동성으로 체질전환을 시도했다. 이러한 기본 철학이 바로 혁신학교의 수업이 지향하는 방향이다.

혁신학교는 이런 기본 철학을 실행하기 위해 어떤 매개를 이용했나? 그리고 수업문화를 어떻게 바꾸었을까?

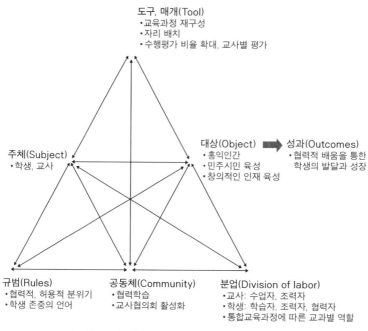

[그림 2-1] 활동이론으로 본 혁신학교에서의 수업

성장하는 주체들

혁신학교의 수업을 관찰하고 분석한 여러 논문들을 살펴보면 수업에서의 무게 중심이 교사에서 학생으로 이동한 것은 분명해 보인다. 교사들의 인식도 변했고, 지금도 계속해서 변하고 있다. 수업 방법을 바꿔야 하고, 교실에서는 학생이 중심이 되어야 한다는 생각은 이제 대부분의 교사들도 인지하고 있고, 당연하게 받아들인다. 물론 예전의 수업 형태를 답습하는 교사들도 여전히 많이

있다. 하지만 혁신학교를 도입하면서 변화의 물결이 도도히 학교현장에 일고 있는 것이 사실이다.

혁신학교는 수업을 통해 학생뿐 아니라 교사와 학생 모두의 성장을 추구한다. 이런 성장을 가능하게 하는 것은 바로 소통과 협력의 과정이다. 특히 수업혁신의 기본 방향을 제시한 경기도 교육청의 '배움중심수업에서의 교사와 학생의 성장'은 이를 잘 보여준다.

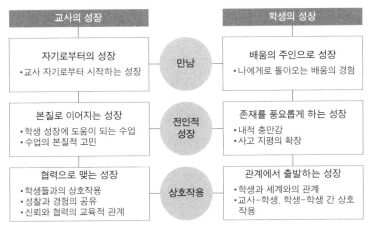

[그림 2-2] 배움중심수업에서의 교사와 학생의 성장

출처: 경기도 교육청 교육과정정책과(2016), 배움중심수업 2.0의 이해와 실천. p.11.

이처럼 혁신학교에서 수업의 주체는 학생과 교사이며, 학생과 교사의 성장을 추구한다. 혁신학교에서 추구하는 이와 같은 주체들의 성장은 혁신학교의 활동체계에서 추구하는 목표이기도 하다.

효과적인 매개

교육의 변화를 위해 혁신학교에서는 교육과정을 살피기 시작했다. 국가 수준의 교육과정을 학교와 학생의 여건에 맞게 재구성하였다. 교육과정 재구성은 학생들에게 좀 더 의미 있는 배움의 과정을 제공하기 위해 교육과정을 새롭게 구성하는 것을 말한다. 국가 수준 교육과정과 교과서 중심의 수업을 새롭게 바꾸려는 시도를 한 것이다.

혁신학교에서는 특히 교육과정을 학생들의 삶과 연결지었다. 혁신학교 이전에는 교사들이 교육과정에 크게 관심을 가지지 않았다. 교과서 하나만 있으면 수업을 할 수 있었다. 수업 종이 울리면 교과서와 지시봉 하나만 달랑 들고 교실로 들어가서 수업하면 그만이었다. 교과서가 곧 교육과정이었다. 내가 가르치는 교과의 교육목표는 무엇이고 교육과정과 교과서 내용이 어떻게 연결되어 있는지 크게 관심을 갖지 않았다. 어쩌다 공개수업이라도 하게 되면 '단원개관'을 위해 잠깐 교육과정을 살펴보는 게 고작이었다.

이에 비해 혁신학교에서는 자신이 가르치는 교과의 교육과정뿐 아니라 다른 교과의 교육과정에도 관심을 갖고 살피기 시작했다. 이는 교과를 넘어선 통합교육과정 구성으로 연결되었고, 수업의 변화를 이끌었다. 혁신학교에서 교사는 주어진 국가 수준의 교육과정을 그대로 이행하기보다는 교육과정을 적극적으로 재구성하고 설계하는 실천가가 되고자 하였다.

혁신학교에서 교사가 교육과정을 재구성하는 정도는 3단계로 나누어 볼 수 있다. 1단계는 국가나 전문가가 개발한 교육과정을 그대로 이행하는, 모방적 수준의 단계이다. 2단계는 매개적 수준의 단계로, 교실 상황에 맞게 일부분을 재구성하는 단계이다. 불필요한 단원을 가르치지 않거나 교과 내에서 단원의 순서를 바꾸는 정도가 이에 해당한다. 3단계는 교사가 교육과정 개발의 주체가 되어 교과 간 융합 및 지역사회 프로그램과 교과활동을 연계하는 활동으로까지 재구성의 범위를 넓혀가는 것을 의미한다.

공간 배치의 변화도 학교 변화를 위한 중요한 매개이다. 기존의 자리 배치는 모든 책상이 칠판을 향하고 있었다. 이런 자리 배치에서의 수업 주체는 교사이다. 학생들은 수동적인 자세로 대화 없이 바른 자세로 칠판과 교사를 응시하고 교사가 전달하는 지식을 받아들이면 됐다. 하지만 혁신학교에서는 학습자 중심의 수업을 위해 다양한 자리 배치를 취하고 있다. 수업 형태에 따라 4인 1조 모둠, 6인 1조 모둠, ㄷ자형 자리 배치 등 다양한 형태의 자리 배치를 취하고 있다. 특히 많은 혁신학교의 'ㄷ자형 자리 배치'는 교사들이 강의식 수업에서 벗어날 수밖에 없는 교육 환경을 만들었다. 자리 배치의 변화는 옆에 있는 친구를 자신의 경쟁자라고 인식하지 않고 함께 배우고 성장하는 동료, 협력자라고 인식하게 하였다. 자연스럽게 협력 수업으로 이어질 수 있는 것이다.

평가 방식의 변화도 학교 변화를 위한 중요한 매개이다. 혁신학교에서는 일반학교에 비해 대체로 수행평가 비율이 높다. 지필평가가 단편적인 지식을 평가하는 것이라면 수행평가는 학습의 과정과 결과를 함께 평가할 수 있고, 인지적 능력뿐만 아니라 정의적 영역 등을 평가할 수도 있는 과정중심·역량중심 평가이다.

수행평가는 정답이 있는 평가가 아닌 열린 정답을 평가하는 것이 일반적이다. 수행평가의 비율이 60% 이상인 경우 지필평가를 학기당 1회만 실시해도 된다는 성적관리지침에 따라 중·고등학교의 일부 혁신학교에서는 지필평가를 학기당 1회만 실시하기도 한다. 학생들은 모둠에서 자신의 역할을 갖고, 그 역할을 충실히 수행하지 않으면 모둠원에게 피해가 갈 수 있음을 알게 된다. 수행평가의 비율이 높다 보니 수행평가의 영역과 방법도 다양화하여 자연스럽게 수업 방법도 다양하게 변할 수밖에 없다.

[그림 2-3]은 2018학년도 3학년 2학기 국어 수행평가 계획으로, 경기도의 한 일반 중학교와 혁신 교육이 잘 정착되었다고 알려진 혁신학교의 수행평가 계획이다.

평가 계획을 보면 일반학교에 비해 혁신학교의 수행평가 비율이 월등히 높음을 알 수 있다. 더 눈길을 끄는 것은 혁신학교에서는 지필평가를 1회만 실시한다는 점이다. 혁신학교의 이러한 평가는 성장평가를 지향한다. 성장중심 평가는 학생의 배움과 성장에 초점을 맞추고 과정 중심의 다양한 평가를 통하여 참된 학력을 기르는 평가이다. 이것은 그동안 선택형 중심의 평가를 통해 학습의 결과에 주목하고 그 과정을 소홀히 한 것에 대한 반성이다.

평가 종류	지필평가				수행평가		
반영비율	60%				40%		
횟수/영역	1차		2차		말하기 듣기	논술형	포트폴리오
	선택형	서술형	선택형	서술형			
만점 (반영비율)	58점 (17.4%)	42점 (12.6%)	58점 (17.4%)	42점 (12.6%)	10점 (10%)	10점 (10%)	20점 (20%)
	100점(30%)		100점(30%)				
서술형 논술형 평가 반영비율	12.6%		12.6%		·	10%	·

경기도 ○○중학교(일반학교)

구분	지필평가(30%)			수행평가(70%)			
회차	1차		2차	말하기 듣기	쓰기 (서·논술형)	문학 (논술형)	포트폴리오
방법	선택형	서·논술형					
만점	20	80		15	20	20	15
배점	20	80		15	20	20	15
반영비율	6	24	0	15	20	20	15
반영총점	6	24	0	70			
평가시기	9월 4주			9월 1주	9월 4주	10월 3주	상시

경기도 ○○중학교(혁신학교)

[그림 2-3] 평가 계획의 비교

관계를 중심에 두는 공동체

혁신학교에서는 모둠학습이 수업혁신의 중요한 방법이 되었다. 이것은 비고츠키 학습이론이나 사토 마나부의 배움의 공동체 이론에 많은 영향을 받았다.

대부분의 혁신학교에서는 교사 중심의 일방적 강의식 수업을 지양하고 학생의 참여와 협력을 지향하는 수업을 하고 있다. 혁신학교의 교실 모습은 활기차고 교사의 목소리보다는 학생들의 목소리가 더 많이 들린다. 그렇다면 왜 혁신학교에서는 모둠수업을 많이 할까? 혁신 중학교에서 모둠학습을 많이 하는 교사들의 증언은 그 답을 제시한다.

A 도덕교사　무엇보다 수업 시간에 아이들이 졸지 않아요. 사실 도덕을 설명으로 가르친다는 것은 한계가 있어요. 학생들이 서로 토의하면서 바람직한 도덕관에 대해 깨닫고 배우는 것이 바람직하다고 생각해요.

B 국어교사　모둠수업은 강의식 수업에 비해 준비하는 시간이 많이 걸려요. 하지만 수업 시간에 학생들의 활동을 보면 흐뭇하고 제 맘도 편해요. 계속 제가 뭔가를 설명하는 것보다는 학생들이 활동하는 걸 지도하는 게 좋아요. 처음엔 모둠수업할 때 애들이 소란스러운 것을 참기 어려웠는데 자꾸 하다 보니 익숙해지네요. 그리고 다른 시간에는 아무것도 안 한다는 아이가 제 시간에는 친구들과 얘기하며 잘 참여하는 것을 보면 뿌듯해요.

C 과학교사 실험하고 결과를 분석할 때 학생들끼리 얘기하면서 배우는 것도 많은 것 같아요. 잘하는 학생은 친구를 가르쳐주면서 배우고, 모르는 학생은 잘하는 학생에게 배우니 서로서로에게 좋은 영향을 미쳐요. 모둠활동 위주로 하면 지나치게 자유로워 통제가 되지 않는다고 생각하는데 학생들과 규칙을 정하고 하면 크게 소란스럽지 않아요.

이처럼 혁신학교에서 이뤄지는 모둠학습은 교사는 수업자이면서 조력자이고, 학생은 학습자이면서 조력자의 역할을 수행함을 알 수 있다. 교사와 학생의 역할이 엄격하게 분리되지 않고 교사도 학생이 될 수 있고, 학생도 교사가 될 수 있는 것이 혁신학교의 수업인 것이다.

혁신학교의 학습공동체는 관계중심적이다. 이런 관계중심적인 공동체를 위해 수업을 나누고 성찰한다. 기존에는 일회성 공개수업을 준비하면서 양적 분석 계획을 수립하고 결과를 피드백하는데 많은 시간과 노력을 기울였다. 수업 관찰자로부터 기계적인 분석과 피드백 결과를 통보받으면서 내 수업의 과정보다는 결과에 치중해서 해부당하는 불쾌한 느낌으로 교사들은 공개수업이나 대표수업을 마치게 되는 경우가 많았다. 그러나 혁신학교의 수업성찰 과정은 수업에 대한 내러티브 수업성찰 쓰기, 에세이 쓰기, 자기성찰일지 쓰기 등을 통해 나 스스로 내 수업을 바라볼 수 있다. 수업성찰을 통해 교사는 자발적으로 자기 수업에 무엇이 부족했고 어떤 방향으로 개선해야 할지를 고민하고 변화시키기 위해 노력한다. 수업을 관찰할 때도 교사의 가르침보다는 학생들이 어떻게 배우는지에 관심을 갖는다.

혁신학교인 A초등학교에서는 아이들의 자존감을 키워주기 위해 교사들이 합의하여 교사의 언어를 바꾸었다. 사실 몇 개 학급에서 소수의 교사들이 존중어를 쓰고 있었는데, 그 효과가 의미 있음이 전해지면서 전체 학급에 적용해보았다. 처음에는 교사 스스로도 다소 어색해했으나 점점 자연스러워졌고, 학생들은 자신이 존중받고 있는 느낌을 받는다고 했다.

또한 혁신학교에서는 모르는 것이 있으면 친구에게 물어보고 서로에게 배우고 배움을 주면서 성장하는 공동체의 특징이 강하게 드러난다. 혁신학교의 가장 큰 특징 가운데 하나인 모둠학습은 학생들이 자연스럽게 서로 협력하고 허용적인 분위기를 만들어가게 한다. 안전한 분위기, 허용적인 분위기가 없다면 모둠학습의 활동은 잘하는 학생이 문제를 풀면 다른 학생이 이를 보고 따라하는 수준을 넘지 못한다. 혁신학교에서는 단순히 모둠학습을 하는 것을 넘어 이와 같이 안전하고 허용적 분위기를 수업의 규범으로 삼고 있다.

이제 다시,
학습공동체가 나아갈 방향은?

혁신학교가 그동안 많은 노력을 기울여왔지만 수업에 대해 긍정적인 평가만 있는 것은 아니다. 부정적인 시선은 혁신학교의 학습공동체가 안고 있는 문제점, 즉 새로운 모순이 드러났기 때문이다. 엥게스트롬이 제시한 이론을 바탕으로 혁신학교의 수업혁신이 극복해야 할 문제점을 진단해보면 다음과 같다.

첫째, 혁신학교 학습공동체의 1차적 모순은 수업혁신이 우리 사회가 갖고 있는 교육체제에 부합하지 않을 수 있다는 것이다. 혁신학교의 학습공동체 내의 활동체계끼리는 매우 이상적이고 서로 모순이 없는 것처럼 보이지만, 수십 년 동안 우리 사회를 지배하고 있는 입시 위주의 교육정책과 사회분위기에는 부합하지 않을 수 있다는 것이다.

혁신학교의 수업혁신은 교사와 학생들의 모습, 협력적인 소통, 교육과정 재구성, 평가혁신 같은 우리가 지속적으로 추구해야 할 과제들을 제시했다. 그런데 우리 사회는 혁신학교의 학습공동체에

'그래서 혁신학교에서는 대학을 잘 보내는가?, 학력이 저하되는 것은 아닌가?'라는 질문을 던진다. 혁신학교의 학습공동체가 수업의 변화를 가져온 것은 매우 긍정적이고 바람직하지만 대입제도를 바꾸지는 못했다. 이 때문에 혁신학교는 선별 대 성장이라는 딜레마 속에 놓여 있다.

둘째, 활동체계 각 요소 사이에 발생하는 2차적 모순이 있다. 혁신학교는 비고츠키 학습이론이나 배움중심수업을 지향하고 있다. 즉 수업에서 상호작용과 협력, 그리고 대화를 중요하게 생각하고 배움에서 소외되는 학생을 없애기 위해 노력한다. 그러나 일부 혁신학교에서는 학생들의 협력을 위한 모둠학습을 하는 것이 아니라 모둠학습 그 자체에 매몰되는 경향이 있다. 이와 관련하여 제기되는 교사, 학부모, 학생들의 입장을 들어보자.

> **학부모** 당장 입시를 앞둔 고3 학부모입니다. 저는 솔직히 오늘 주제가 맘에 들지 않습니다. 모둠학습을 어떻게 하면 효율적으로 할 수 있는가에 대해 이야기하라고 하지만 저는 모둠학습을 안 했으면 좋겠습니다. 공부할 것도 많은데 모둠학습으로 언제 다 배울 수 있겠어요. 선생님이 중요한 것 중심으로 차근차근 설명해주는 게 더 효과적이라고 생각합니다.

> **고3 수학교사** 혁신학교 교사이지만 협력수업은 안 하고

있습니다. 수학교과의 특성상 협력수업은 사실 어렵습니다. 인문계 고등학교 수학시간에서는 수학을 포기한 학생들이 꽤 많습니다. 수업에 관심이 없는 이런 학생들과 모둠으로 앉아서 협력수업을 한다는 것은 정말 힘든 일입니다. 수학에 전혀 관심이 없는 학생들을 수업에 끌어들이기 위해 노력하다 보면 진도를 나갈 수 없습니다.

고2 윤리교사 저는 모둠수업을 가끔 합니다. 생각보다 아이들이 토론수업을 잘해요. 주제를 주면 자료를 찾아서 분석하고, 근거를 마련하여 토론하고, 그 내용을 정리하는 것도 잘하는 편입니다. 그런데 우리 학교는 학생들이 너무 많아요. 35명 이상의 학생들을 데리고 모둠수업을 하기는 솔직히 버겁습니다.

고2 학생 저는 모둠수업을 하면 참 재밌고 좋습니다. 졸리지는 않거든요. 자유롭기도 하고요. 그런데 모둠수업을 왜 하는지 잘 모르겠어요. 모둠으로 앉아서 각자 문제를 풀 때가 많거든요. 제가 쓴 답을 친구가 그대로 베껴쓰면서 모둠활동이 끝날 때가 많아요. 선생님께서는 모둠끼리 의견을 주고받으면서 문제를 해결하라고 하지만 잘하는 친구의 정답을 그대로 따라쓰는 것이 모둠활동의 전부인 경우가 많아요.

중학교 국어교사 저도 현재 중학교 혁신학교에 근무하고 있습니다. 국어를 담당하고 있는데요. 저는 꼭 모둠학습이 협력학습을 이끌어낼 수 있다고는 생각하지 않습니다. 단원의 특성에 따라서 모둠학습을 통해 협력학습을 할 때도 있고, 개별학습을 할 때도 있고, 짝학습으로 하브루타 토론수업을 할 때도 있어요. 강의식 수업을 할 때도 있습니다. 어떤 형태의 수업이든 학생들의 배움이 일어날 수 있게 하는 게 중요할 것 같아요. 모둠학습을 한다고 해서 꼭 협력학습이 다 일어나는 것은 아니거든요.

위에서 학생이 제기한 것처럼 모둠수업이 협력학습이라는 이름 아래 모둠으로 앉아서 학습지의 빈칸을 채우는 개별교육을 하는 경우가 많은 것이 사실이다. 또한 구성주의로 수업하지만 행동주의 평가를 하는 경우가 많다. 수업과는 별개의 평가가 이루어지는 경우도 있다. 초등학교에서는 교사별 평가가 가능하지만 중·고등학교에서는 현실적으로 교사별 평가가 어렵다. 교육과정 재구성이 활발히 이루어지고 있고 교사의 자율권이 확대되었지만 평가에 있어서는 자율권이 많이 제한되어 있기 때문이다.

과정중심평가는 절대평가를 통해 학생들의 성취도를 파악하고 성장을 돕는 평가를 하는 것이 바람직하지만 현실적으로 그렇지 않은 경우가 많다. 수행평가의 비율을 늘렸지만 수행평가도 결국 학생들의 능력을 변별하는 도구로 사용되며, 심지어는 일제식 지필평가 형태의 수행평가를 실시하는 혁신학교도 있다. 바람직한 수업 혁신을 위해서는 평가 혁신이 선행되어야 한다.

수업혁신을 위해 수행평가의 비율을 높이고, 지필평가를 학기당 1회만 보는 것으로 축소한 혁신학교도 많다. 이는 교육과정을 재구성하여 가르치는 내용을 줄이고 학생활동 중심의 수업을 강화하여 이를 수행평가로 반영하려는 취지이다. 그러나 지필평가 1회에 한 학기 동안 배운 모든 내용을 평가하려는 교사들이 생기면서 시험 범위만 늘린 결과를 낳기도 하였다. 또한 수행평가를 과정평가로 실시하지 않고 수업과 과정을 분리한 평가를 실시하는 교사들이 여전히 많아서 학생들은 차라리 지필평가를 보는 것이 좋겠다는 볼멘소리를 하기도 한다. 수행평가의 비중을 늘리는 것과 함께 과정중심의 질적 평가가 이루어져야 하는 이유이다.

또한 혁신학교에서도 평가를 하는 주된 목적이 학생들의 성적을 산출하는 데 있어 평가 결과에 대한 피드백이 잘 이루어지지 않고 있다. 학생들도 점수에는 관심이 많지만 자신이 부족한 부분에 대해 피드백을 받겠다는 의지는 약한 편이다.

저는 중학교에 입학하여 지금까지 논술형평가를 진짜 많이 했습니다. 그런데 단 한 번도 제가 쓴 글에 대해 무엇이 부족한지 지도를 받아본 적이 없습니다. 그래서 그런지 논술 실력이 늘지 않는 것 같기도 합니다. 제가 뭐가 부족한지 모르겠거든요.

이 학생의 말처럼 교사들은 논술형평가도 점수를 산출하면 평가 목적이 완수된 것으로 생각한다. 그러나 진정한 평가는 평가 그 자체가 아니라 학생들의 성장을 도와야 한다. 그래서 평가 후 학생이 무엇을 알고 모르는지, 부족한 부분을 어떻게 성장시킬 수 있는지에 대한 피드백이 꼭 있어야 한다. 하지만 교실현장에서는 평가의 영역도 많고, 학생들도 많기 때문에 모든 학생들에게 일일이 피드백을 하기가 현실적으로 어렵다고 호소한다. 그러나 이것은 핑계이자 자기합리화일 뿐이다. 전체를 대상으로 하는 피드백이 어렵다면 배움이 늦은 학생, 또는 일부 영역에 대해서라도 평가 후 피드백을 통해 학생들의 성장을 지원해야 한다.

이처럼 교육 혁신의 주체들 사이에서도 모순과 갈등이 생기고 있다. 혁신학교에 근무한다고 모든 교사들이 혁신적인 마인드를 갖고 수업혁신을 추구하지는 않는다. 혁신학교 내에서도 교사들의 생각 차이는 있고, 그로 인한 갈등이 끊임없이 생긴다. 중·고등학교의 경우 동학년 동교과 교사들 사이에 합의가 이루어지지 않으면 수업과 평가혁신, 교육과정 재구성이 쉽지 않다.

또 교사와 학생 또는 학부모와의 갈등도 수업혁신을 어렵게 하는 요인이 되기도 한다. 수업혁신에 대해 호의적이지 않은 학부모들이 적지 않다. 이런 모습은 초·중·고로 학령이 올라갈수록 더 심해진다. 성적에 민감하고 입시에 민감한 사회구조상 주체들 사이에 합의가 쉽지 않은 것이다.

또한 학생을 존중해주는 학생 중심의 수업이 교실의 규범을 약화시켜 교사와 학생의 경계가 무너지는 문제를 낳기도 한다. 이를 방지하고 효율적인 수업을 위해 학생과 교사가 함께 규범을 만들고 실천하려는 노력이 필요하다.

기존의 활동체계와 수업혁신을 추구하는 활동체계 사이의 갈등으로 인해 수업혁신이 이루어지지 못하기도 한다. 기존의 활동체계를 고수하는 학부모와 일부 교사들 때문에 수업혁신을 추진하는 교사와 이들 간 갈등을 일으키기도 한다. 예를 들면, 모둠별 학습을 위해 ㄷ자형 자리 배치를 하고 싶은 A교사와 기존의 지식 전달식 수업체계를 고수하는 B교사는 자리 배치 때문에 충돌하기도 한다. 그래서 교사들 사이에 끊임없는 소통과 합의가 중요하다.

이처럼 수업혁신은 아직 많은 어려움에 봉착해 있다. 특히 대학입시와 단기적인 학업성취를 중시하는 고등학교에서는 여전히 과거의 교육문화에 머물러 있는 게 현실이다.

이에 '학력이란 무엇인가?'에 대한 재조명부터 필요하다. 단순히 자리 배치, 학습 형태보다는 학생들의 진정한 배움은 무엇일까에 더 많은 고민을 해야 할 시점이다. 교사가 교실을 학습공동체로, 그리고 어떤 환경으로 만들어가고자 하는가에 따라 학생들의 학습에의 참여, 학생들 간의 관계는 완전히 달라질 수 있다. 교육과정이 아무리 변하고 교육과정에 맞는 교과서가 아무리 잘 만들어진다 한들 교실에서의 학습공동체의 모습이 변하지 않으면 의미가 없다.

교실 수업의 활동체계는 모순을 극복하고 새로운 활동체계로 진화해나가면서 발전하는 것이다. 물론 혁신학교의 수업이 모두 이상적이고 효율적이지는 않다. 모든 학교는 수업의 활동체계에서 모순을 겪는다. 단지 이 모순을 어떻게 극복해나가느냐가 매우 중요하다. 대부분의 혁신학교에서는 이 모순들을 전문적 학습공동체를 통해 해결해나가고 있으며, 그 결과 학교역량이 계속 커지고 있다. 좋은 혁신학교란 교실 속 학습공동체 형성 과정에 모순이 전혀 없는 학교가 아니라, 각 부분에서 생겨나고 인식되어진 모순을 안전한 협의 과정을 통해 끊임없이 개선해나가는 것이다.

　학생의 성장과 발달이라는 결과로 나아가기 위해 목표와 매개 사이의 혼란, 목표와 공동체 사이의 충돌 등 활동이론의 요소들이 충돌하면서 생기는 모순을 혁신학교에서는 어떻게 극복하고 있는지, 또는 어떻게 실패하고 있는지 분석하고 성찰하는 활동을 교사들이 자발적으로 해야 하며, 이는 혁신학교의 나아갈 방향을 제시하는 의미 있는 활동이 될 것이다.

| 3장 |

배려공동체로서의 학교

손소영, 이은진, 오란주, 강연선, 손혜영

왜 배려공동체인가?

사람은 살면서 끊임없이 관계를 맺고 살아간다. 학교라는 공간도 마찬가지다. 이 안에서도 친구관계, 사제관계, 동료관계처럼 다양한 관계가 만들어진다. 관계란, 둘 이상의 사람, 사물, 현상 따위가 서로 관련을 맺거나 관련이 있음을 나타낸다. 관계는 혼자서는 성립되지 않는다. 관계가 좋으면 상대방을 위해 마음을 쓰고 도와주고 싶지만, 관계가 좋지 않으면 상대방의 생각과 행동들을 넓은 아량과 시야로 감싸기보다 비난하고 신뢰하지 않게 된다.

관계는, 맺고 있는 대상이 서로를 어떻게 바라보느냐에 따라 역할기대와 관계양식을 달라지게 한다. 기존의 학교에서는 학생을 교육의 주체로 바라보지 않고 지식을 전수받아야 하는 수동적이고 미숙한 존재로 보았다. 때문에 바른 자세로 수업을 잘 듣는 학생, 교사의 가르침에 순종하며 갈등을 일으키지 않는 학생을 성실하고 착한 학생, 모범학생으로 칭찬하였다. 공부를 잘하는 것이 학생의 본분이라는 것을 주입하면서 남들보다 잘해야 살아남는다는 생각에 무한경쟁과 이기주의가 만연하게 만들었다. 그 과정에서 소외받는 학생들이 생겨났다. 학교에서 공부로 인정받지 못하고 좋은 관계를 쌓지 못한 학생들은 나름의 방법으로 인정받고자 갈등을 일으키기도 하였다. 교사들은 학생을 통제하고 지도하는 존재로 보았기에 지시와 처벌, 통제가 교육의 수단이 되었으며 두발단속, 교문지도, 체벌은 당연한 교육적 행동으로 나타났다.

혁신학교에서는 이같은 기존학교의 문제를 극복하고자 학교 구성원 간의 관계를 소중히 여기는 다양한 노력을 기울였다. 가장 큰 변화는 학생과 교사의 역할기대와 관계양식의 변화이다. 혁신학교에서는 교사와 학생을 교육공동체의 주체로 바라보고 자율적인 규범 아래 신뢰와 존중을 전제로 한 인성교육을 실시하였다. 학생과 학생은 경쟁관계가 아닌 협력관계로, 학생과 교사는 함께 배우고 성장하는 관계로 나아가고자 많은 노력을 기울였다. 이를 위해 강압적인 생활지도가 아닌 교사의 윤리적 생활실천과 일상적인 관계의 질적 변화를 꾀했다. 이는 개인주의와 소외가 팽배하던 기존의 학교와는 달리 돌봄과 배려의 공동체로 나아가기 위한 첫걸음이었다. 그 대표적인 예가 '아침맞이'이다. 교문지도와 두발단속이 이루어지던 학교문화는 환한 미소로 서로의 안부를 묻고 걱정해주는 인간 대 인간의 만남이 이루어지는 배려의 문화로 바뀌게 되었다.

그러나 학교구성원 상호 간의 관계를 소중히 여기고, 학교를 신뢰와 자존감 회복을 위한 돌봄과 배려의 공동체로 만들어가려는 노력에도 불구하고 혁신학교에서 펼쳐지는 구성원의 관계양식은 여전히 개선될 점이 많다. 갈등의 회피와 무관심이 관계를 위한 배려라고 보는 잘못된 생각과 실천이 그것이다. 열심히 일하는 교사가 오히려 동료들 사이에서 트러블 메이커가 되고, 엄격하고 단호하면서 따뜻한 교사보다는 허용적인 교사가 진정한 교사로 이해되는 경우도 있다. 배려에 대한 깊이 있는 이해가 필요한 시점이다.

공동체에서 배려의 관계는 갈등을 피하고 무관심하게 구는 것이 아니다. 지금까지 우리는 다른 사람에게 피해를 주지 않으려 내 행동을 단속하는 걸 배려라고 생각했다. 일테면, 공공장소에서 큰 소리로 이야기를 나누는 사람은 배려가 없는 사람이고, 남에게 피해를 주지 않기 위해 조심하거나 노력하는 태도를 '배려 있는' 행동으로 여겼다. 누군가는 자신이 오히려 피해받고 있는 상황에서도 갈등을 유발하지 않으려고 그릇됨을 말하지 못하고 피해를 고스란히 감내하기도 한다. 과연 이런 모습이 배려일까? 이러한 배려가 상대방과 나와의 관계가 긍정적으로 지속되는 것에 도움이 될까? 이러한 배려를 통해 공동체는 성장할 수 있을까?

배려에 대한 깊은 이해는 넬 나딩스Nel Noddings의 배려 개념이 잘 보여준다. 나딩스는, 배려care는 관계적인 것으로 배려하는 사람과 배려받는 사람 사이의 연결 또는 만남이라고 했다. 배려는 배려하는 사람이 배려했을 때 배려받는 사람이 그것을 인지하고 이에 응답함으로써 비로소 성립된다는 것이다. 즉 배려하는 사람과 배려받는 사람 모두의 역할이 중요하다. 배려는 일방적이고 희생적인 것이 아니라 쌍방향적이고 상호적인 것이기 때문이다. 관계는 인간 존재의 기초이며 배려관계는 윤리적인 기초가 된다. 학교 역시 구성원 간 존재를 인정하고 관계의 본질을 되찾으려면 무엇보다 '배려공동체'가 되어야 한다.

학교는 관계를 통해 자아를 찾아가는 배움터이기에 학교를 배려공동체로 바라보는 것은 매우 유의미하다. 배려공동체는 관계의 본질을 배려로 상정하고 배려 행위를 통해 개개인의 존재적 가치와 다양성을 인정하는 공동체를 말한다. 배려하는 행위는 지나친 희생과 헌신이 아닌 배려하는 사람과 배려받는 사람 모두가 배려의 주체가 되는 상호 호혜적인 속성을 지닌다. 존재적 가치는 지위와 권력, 능력과 관계없이 모두 동등한 인간으로 바라보고 대하는, 있는 그대로의 가치이다.

여기에서는 배려에 대한 깊은 이해를 바탕으로 기존의 학교현장에서 구성원의 관계양식을 분석하고, 혁신학교에서 구성원 간의 관계양식에 변화를 이끈 매개가 무엇인지 밝히고, 혁신학교가 새롭게 직면한 과제를 제시함으로써 앞으로 학교가 나아가야 할 방향을 제언하고자 한다. 이를 위해 다음의 내용들을 먼저 살펴보았다. 첫째, 기존의 학교에서 구성원들의 관계양식은 어떠했는가? 둘째, 혁신학교에서 구성원 간 관계양식의 변화를 이끈 매개는 무엇인가? 셋째, 혁신학교에서 구성원 간 관계양식에 있어 새롭게 직면한 과제는 무엇인가?

이 물음에 답을 찾아가면서 학교에서 펼쳐지는 많은 다양한 활동을 '관계'를 통해 바라보고 교육활동에 유의미한 시사점을 얻고자 한다. 또한 관계에 대한 성숙하고 풍성한 논의를 통해 공동체 구성원 간의 관계양식을 긍정적으로 변화시킬 수 있는 다양한 매개를 찾는데 첫걸음이 되기를 소망해본다. 더불어 그동안 문제가 되었던 여러 학교 안의 문제들을 정책과 매뉴얼, 획일적인 프로그램이 아닌 배려관계의 시각으로 바라볼 수 있는 관점 전환의 계기가 되기를 희망한다.

배려와 배려공동체

인성의 중요한 척도 가운데 하나가 '배려'다. 배려는 타인을 도와주고 보살펴주려 마음을 쓰는 것으로, 인성이 갖춰져 있는 사람에게서 쉽게 발견할 수 있는 모습이다. 그런데 '배려공동체'에서 다루는 '배려'는 일상에서 흔히 쓰이는 매너 또는 에티켓과는 좀 다른 개념이다. 여기서는 나딩스의 배려 개념에 중점을 두고 배려공동체에 관한 이야기를 하려고 한다.

나딩스는 인간의 존재론적인 본질을 개인이 아닌 관계 혹은 만남에 두었다. 배려의 의미 또한 관계성을 중심으로 보았는데, 이런 나딩스의 견해는 인간의 본질적 특성을 '염려'로 본 하이데거의 관점을 포함하고 있다. 하이데거는 '염려'를 의미하는 단어인 라틴어 'cura'에서 유래한 배려의 개념을 추적하고 그 의미를 존재론적 관점에서 논하였다. 그의 관점에서 배려는, 타인에 대한 걱정과 염려 나아가 타인에 대한 헌신을 의미했다. 세계 안에 존재하는 인간이 사물을 포함하는 다른 존재들에 대해 염려하고 걱정하거나 헌신하며 관계맺고 살아가는 것을 인간의 본질적 특성이라고 본 것이다.

나딩스는 이러한 관계성에 주목하며 한 걸음 더 나아가 배려하는 사람의 배려 행위를, 배려받는 사람이 인정하고 인식할 때 진정한 배려적 관계가 이루어진다고 보았다. 하이데거의 개념에서 '관계성'에 주목한 것이다. 인간은 기본적으로 자유로운 존재이지만 동시에 다른 존재들과 연결될 수밖에 없는 존재이다. 피할 수 없는 이러한 관계성이 바로 인간의 본질적 특성이며 이러한 관계성의 토대 위에 '배려'가 만들어진다.

나딩스는, 배려는 배려하는 사람과 배려받는 사람 모두의 역할이 중요하다고 했다. 상대가 배려를 인지하고 이에 응답함으로써 비로소 배려관계가 성립되기 때문이다. 배려하는 사람과 배려받는 사람의 상호 관계적인 측면에 있어서 나딩스는 우선 배려하는 사람의 행위를 '전념'과 '동기전환'이라는 개념으로 설명했다. '전념'은 상대방이 하고자 하는 것을 진심으로 듣고 보고 느끼려는 상태를 말한다. 전념, 즉 주의를 기울인다는 것은 상대방의 상황을 '아는 것'이 아니라 상대방의 감정을 '이해하는 것'을 뜻한다. 상대방에게 전념할 때 배려의 동기는 나를 위한 것이 아니라 상대방을 향하는 마음의 상태로 '동기전환'된다. 상대방이 무엇을 필요로 하는지 이해하고 그것이 현실이 될 수 있도록 돕는 행위는 배려 주체자의 우월적 역량이나 영향력이 아닌 이러한 전념과 동기전환의 기제가 내재되어 있다는 것이다.

한편, 배려받는 사람의 입장에서는 수용, 인지, 반응과 관련된 행위들이 있을 때 배려관계가 가능해진다. 배려관계가 형성될 때 배려를 받는 사람은 배려를 받아들이고, 자신이 배려를 받아들였다는 것을 표현한다. 이렇게 배려받는 사람이 배려를 인정하고 수용하는 행위는 배려의 주체자가 더욱 배려에 몰두하도록 이끈다. 이와 같이 배려는, 배려하는 사람과 배려받는 사람 모두의 기여를 통해 완성되므로, 일방적이고 희생적인 것이 아니라 쌍방향적이고 상호 호혜적이다.

이를 종합해보면, '배려공동체'는 배려하는 사람과 배려받는 사람의 '관계'에 기초하는 집단이라고 할 수 있다. 모든 사람은 태어나면서부터 다른 사람들과 관계를 맺는다. 인간의 관계성은 존재론적으로 공동체의 기본적 속성이고, 이 관계 속에서 배려가 이루어진다. 우리는 살면서 무엇을 하고 누구를 만나든 배려하는 사람이거나 배려받는 사람의 입장에 서 있곤 한다. 타인과 관계를 맺으면서 상대방을 어떻게 배려해야 할지, 그리고 어떻게 응답해야 할지를 배운다. 이러한 관계망을 처음으로 학습하고 일상에서 연습하는 곳이 바로 학교이다.

나딩스의 관점에서 교육의 목표는 배려하는 인간관계를 형성하는 데 있다. 우리가 다른 사람과 관계를 맺고 함께 살아가야 하는 한, 먼저 배려할 줄 아는 인간을 기르는 일이 개인적으로나 사회적으로나 최우선 과제이며 가장 근본이 되어야 한다. 더불어 살아가야만 하는 사회적인 동물인 우리가 자신의 이익만을 챙기고 남을 배려하지 않는다면 공동체는 파괴되고 이기적인 개인이 늘어나 결국 개인의 성장도 불가능하게 될 것이다. 개인과 사회 모두의 동반 성장은 학생들이 자신의 능력을 마음껏 발휘하면서 다른 사람들과 배려관계를 형성하며 조화롭게 살아갈 때 비로소 가능하다.

이때의 배려관계는 교사와 학생은 물론, 학생과 학생, 교사와 교사 간의 관계를 모두 포함한다. 학교 안에서의 배움은 직접적인 경험뿐만 아니라 간접적인 체험에서도 이루어진다. 학교라는 공간 안에서 이루어지는 배려관계를 보고 배우는 과정에서도 배려에 대한 학습은 이루어진다. 따라서 학교는 배려공동체의 문화를 형성하는 것이 중요하다. 배려가 배려하는 사람과 배려받는 사람 모두에게 부담이 되어서는 안 되며, 배려관계가 일방적이거나 무조건적인 관용이 아니라 공동체 안에서 쌍방향의 상호 배려적 관계로 만들어나가야 한다.

결론적으로 교육의 관점에서 진정한 배려가 되기 위해서는 배려하는 사람과 배려받는 사람 모두가 배려의 주체가 되는 것이 바람직하다. 또한 학교 구성원이 모두 배려의 주체로 바로 설 수 있도록 학교는 배려적 인간관계망이 가장 훌륭하게 구축되어 있는 곳이어야 한다. 따라서 학교를 배려공동체로 바라보는 관점은 매우 중요하다.

학교는 배려공동체인가?

학생의 성장을 지원하는 곳인 학교를 배려적 관계로 살펴보는 일은 매우 중요하다. 실제로 혁신학교를 전개하는 과정에서 학교 내의 배려적 관계를 살펴보고자 하는 움직임이 나타났다. 2015년 경기도 혁신학교 시즌 2에서는 윤리적 생활공동체(존중과 배려의 생활공동체)가 과제로 제시됨으로써 학교 안 구성원 간 관계의 중요성을 심도 있게 다루었다. 하지만 좀 더 생각해 보면 이러한 실천 과제의 등장 이면에는 윤리적 생활공동체를 전면에 내세울 수밖에 없는 이유, 곧 학교 안에서 구성원 사이에 고충과 모순이 있었음을 미루어 짐작하게 한다. 여기서는 그동안 학교 안에서 있었던 고충과 모순들, 그것이 무엇이었는지 기존학교의 활동체계를 통해 살펴보고자 한다. 이 작업은 혁신학교가 나아갈 방향을 찾아가는 데에도 매우 의미 있는 일이 될 것이다.

'가르침에서 배움으로' 수업의 철학적 전환에 큰 영향을 주었던 사토 마나부[2012]도 관계의 중요성을 이야기하며 배움을 중심으로 하는 수업은 아이들 한 명 한 명이 관계를 엮어가며 서로 탐구하고 교류하면서 서로 배우는 관계를 교실에서 구축하는 것에서부터 출발해야 한다고 하였다. 즉, 배움이 있는 학교를 위해서는 사물과 타자에 대한 관심, 소통, 상호교류, 래포형성이 우선되어야 한다는 것이다.

또한 성열관·이순철[2011]은 혁신학교에서 중요하게 다뤄지는 두 가지 키워드를 배움과 돌봄으로 보았다. 여기서의 돌봄은 학교문화로서의 돌봄을 뜻하는 것으로, 학교에서 소외되고 있는 모든 개별 학생들이 존중되는 교육공동체를 만드는 것이라고 하였다. 즉, 일차적인 의미에서의 돌봄은 단순히 돌봄교실사업에서의 '돌봄'이 아니라 학교운영과 교육활동에 내재된 보살핌의 문화이다. 보살핌이란 그저 '애들 봐주는' 것을 의미하지 않는다. 여기에서의 보살핌이란 교사가 무엇인가를 가르치기 이전에 무엇인가를 배우고 싶도록 만드는 관계의 형성(때로 끊어진 관계를 복원)을 말한다[성열관, 이순철, 2011]. 종합하자면, '학교를 배려공동체로 만들어가자'는 것은 상식선에서의 관계망을 좋게 하겠다는 의도를 넘어서 궁극적으로 학교가 지향하는 바를 추구하는 필수불가결한 작업이다.

그렇다면 기존 학교체제에서는 학교문화에 어떤 모순이 있었기에 변화가 필요했을까?

학교문화를 형성하는 주체는 학생과 교사이며, 학생과 교사는 대부분 수업과 생활지도를 통해 그 만남과 활동이 이루어진다. 교육의 목표를 살펴보기 위해 먼저 교육기본법 제2조에 제시된 교육의 목적을 보면, '홍익인간의 이념 아래 모든 국민으로 하여금 인격을 도야하고 자주적 생활 능력과 민주시민으로서 필요한 자질을 갖추게 하여 인간다운 삶을 영위하게 하고 민주국가의 발전과 인류 공영의 이상을 실현하는 데 이바지하게 한다.'로 서술되어 있다. 각 학교별로 상정된 교육목표는 학교마다 서술에는 차이가 있지만 기본적으로 교육기본법 제2조에 나타난 교육목적의 큰 맥락을 유지하고 있다.

다만 이것은 법규 조항으로 서술되어 있기에 각 학교에서는 학교 나름의 언어로 '민주시민', '인간다운 삶 영위', '인류 공영의 이상'과 같은 가치를 풀어서 '행복한 삶의 영위', '더불어 행복한 삶 영위', '인간다운 삶 영위' 등으로 비슷한 맥락으로 목표를 진술한다. 우리는 이를 종합하여 '더불어 행복한 삶을 영위하는 능력'이라고 목표를 서술해 보았다.

이러한 목표를 달성하기 위한 매개로서 상벌제 등 일방적인 지시와 통제의 형태로, 또는 감시와 감독, 경쟁의 방법이 사용되는 특징을 보였다. 목표를 달성하기 위해 사용한 매개들은 그 적용 과정이 교사회의, 학생회의를 통해 개별 학급으로 지시, 통제, 학급별 경쟁이라는 방식으로 전달되어 실천을 요구했고, 교사에게는 일방적 상명하달의 방식으로 역할이 주어졌다.

그런데 왜 기존의 학교에서는 '더불어 행복한 삶 영위'라는 이상적인 목표를 두고서도 만족할만한 교육적 성과가 없었을까? 그것은 기존학교에서는 학생들의 성장에 대한 관심보다는 경쟁을 통한 가시적 성과를 추구하고 평가에서 좋은 결과를 얻는 방법을 더욱 강조했기 때문이다. 그 결과 오히려 왕따, 학교폭력과 같은 학교 부적응 현상들이 나타나기도 했다.

기존의 학교에서는 대부분 아침 시간에 교문지도 또는 조회 시간을 통해 교사와 학생의 첫 만남이 이루어졌다. 그런데 그 교문지도라고 하는 것이 대부분의 학교에서 학생들이 지켜야 할 규칙을 잘 지키고 있는지를 살펴보고 잘 지키지 못했을 경우에는 벌을 주는 형태로 이루어졌다. 예를 들면, 실내화를 신고 등교했는지, 지각을 했는지, 복장이 단정한지, 머리 스타일이 학생 신분에 맞는지 등 학교 규정에 따라서 벌점이 부과되기도 하고 벌칙이 부여되기도 했다. 학생이 가정 다음으로 많은 시간을 보내는 학교에 첫발을 내딛는 교문에서부터 인간다운 따스함이나 격려, 인정과는 거리가 먼 지도가 이루어졌던 것이다.

오히려 교사들은 긴장된 마음으로 교문지도(교문단속에 가까운)를 받으면서 하루를 시작하는 학생들의 어려움과 불편함보다는 감시, 감독을 당연하게 여기는 풍토 속에 고민 없이 학생을 감독하고 통제하는 일을 수행해왔다. 교문지도는 학생들에게 자신의 행동에 대해서 책임을 지려는 마음보다는 무의식적으로 주어진 규칙에 순응하게 만들거나, 감독하고 통제하는 분위기 속에서 적대적 반항심을 키우는 결과를 가져왔다. 심지어 '어느 반이 지각생이 가장 많은가?'와 같이 학급별 경쟁을 부추겨 한층 통제를 강화하기도 했다. 이런 분위기에서 학생들이 교사와 따뜻한 관계를 형성하기는 어려웠다.

교실에서 이루어지는 만남도 별반 다르지 않았다. 예절교육의 일환으로 아침에 교실로 등교하는 학생들은 교사에게 인사를 하지만 이후에 이루어지는 아침자습, 지각생 체크 등 어떤 활동에도 하루를 시작하는 학생들에게 진심어린 관심, 배려, 어루만짐이 일상화되어 있지는 않았다. 학생들의 감정과 자기 목소리는 묵살당하기 일쑤였다.

두 번째 매개인 상벌제는 학생의 바른 행동을 강화하고 학업 성취를 높이고자 하는 데 목적을 두고 시행되었다. 이전의 체벌 위주의 생활지도의 위험성을 깨달은 학교들이 대부분 그에 대한 대안으로 상벌제를 채택했다. 체벌이 줄어든 긍정적인 효과는 있었지만 통제적이고 경쟁적인 방법으로 이루어졌기에 수동적이고 지시를 받는 학생상의 모습은 바뀌지 않았다. 더구나 학생들 사이에서는 '나만 벌점을 받게 되면 억울하다'는 생각으로 주변 친구들의 잘못을 신고하는 일도 일어났다! 청소년들에게 친구는 가족 다음으로 신뢰하고, 스트레스 상황에서는 가장 많은 사회적 지원을 해주고, 괴로울 때 의논 대상으로 가장 많이 찾는 대상이다. 청소년이 학교생활에서 가장 행복할 때는 원만한 친구관계일 때라고 한다박영신, 2018. 이외에도 학교생활에서는 시상제와 같이 결과가 좋은 학생들만 인정하는 교육활동, 상대평가와 결과 중심의 한 줄 세우기 경쟁 교육, 성적으로 등급화가 이루어지는 잠재적 풍토가 존재한다. 결과로 인정받는 문화 속에서 도달해야 할 기준점에 맞춰 경쟁하다 보니 다양한 개성은 존중받을 수 없으며 경쟁에 지쳐 학습과 학교생활에 무기력한 학생들도 나타났다.

친구들에게 배려와 지지, 격려 등 정서적인 지원을 받지 못하고 오히려 상벌제로 인해 신고를 당하거나 경쟁으로 인해 서로의 성장을 지지하지 못하는 경험을 갖게 된 학생들은 교우관계에서 갈등을 겪는다.

청소년들의 신뢰에 대한 연구 결과에 따르면 학교부적응이란, 학교생활에서 자기실현을 추구하지 못하며 개인의 욕구가 학교 내 환경과의 관계에서 수용되거나 만족되지 못함으로 적절한 문제해결을 하지 못해서 발생되는 갈등과 부적절한 행동을 보이는 상태라고 한다. 청소년들의 학교 내 관계는 대표적으로 교사와 친구와의 관계이며, 교사와 친구관계가 원만하다면 부적응이 감소될 수 있음을 시사한다고 밝혔다^{박영신, 2018}.

기존의 학교에서도 개별 교사들은 좀 더 좋은 교사로서의 역할을 수행하고자 친절함과 책임의식 등을 발휘하여 학생과의 좋은 관계를 맺고자 노력하기도 했고, 상담활동 등을 통해 학생들을 잘 이해하고자 하는 노력도 있었다. 하지만 대부분의 학교에서 교사는 상벌제의 방법으로 지시하고 통제하는 형태로 훈육을 했다. 결국 공동체 안에서 긍정적인 관계와 성장에 대한 관심은 멀어졌다는 말이다. '지각하면 벌점', '벌점이 한도를 넘으면 또 다른 벌'로 이어지는 상벌제라는 도구는 과연 학생의 인격적 성장에 도움이 되었을까?

앞서 말했듯이 학생들이 잘 배우기 위한 전제 조건은 배려(보살핌과 돌봄)하는 학교문화이다. 한 사람 한 사람의 개성이 존중되고 한 사람 한 사람의 배움이 격려되고 서로 배우는 관계가 구축된 교실에서는 부드럽고 자상하고 온화한 목소리로 말이 오고간다[사토 마나부, 2012]. 목청에서 쥐어짜는 듯한 소리가 오고가는 교실, 자기주장이 난무하는 교실, 일부 몇 명의 아이들만 발언하는 교실, 좀처럼 발언하지 않는 아이들이 상당수 존재하는 교실, 험악함이 목소리에 느껴지는 교실에서는 아이들의 관계가 거칠어지고 자립적인 배움도 협동적인 배움도 실현될 수 없다[사토 마나부, 2012]. 상벌제와 같은 도구, 통제와 지시, 성과 위주의 경쟁과 같은 방법보다는 관심, 존중, 배려와 같은 정서적 지지가 교실에서 배움을 격려하고 협력적인 배움을 실현할 수 있다는 것이다. 학생이 하나의 온전하고 고유한 존재로 존중받고, 삶을 살아가는데 필요한 힘(타자와의 관계 속에 상호존중, 배려, 신뢰 등)을 키워내는 곳으로 학교를 가꾸어 가기 위해서는 교사의 일상적 돌봄으로써의 배려가 더욱 필요하다.

'더불어 행복한 삶의 영위'라는 목적과는 모순되게 학교는 학생의 잠재적 역량을 키우고 공동체 속에서 살아가는 힘을 키워가는 곳으로서 스스로를 인식하지 못했으며, 학생은 지식을 재해석하고 창조하는 존재, 교육의 주체로서 보지 않고, 지식을 전수받아야 하는 수동적이고 미숙한 존재로 치부되었다. 교사의 역할 또한 이미 주어져 있는 지식을 전달하는 전달자로서, 그리고 학생은 그 지식을 잘 전달받아야 하는 존재로 보았기 때문에 학교는 주어진 지식을 누가 많이 전수받았는지 경쟁적으로 수량화, 수치화하는 곳으로 전락하고 말았다.

그로 인해 학교에서의 학습은 일방적으로 교사에게서 학생으로 전수되는 방식으로 진행되었고, 생활교육은 바람직한 행동들을 나열해 놓은 규칙을 정해 그것을 벗어나면 일탈로 규정해 버렸으며 학생들은 자신의 행동에 대해 주체적으로 결정하고 그에 따른 책임을 배울 기회를 갖지 못하였다. 교육이라는 측면에서 보았을 때, 교육의 주체인 교사와 학생은 빠지고 그 자리를 규범, 규칙, 경쟁이 대신하였으며 공동체 속에서 살아야 할 학생들에게 필요한 관계, 존중, 배려와 같은 정의적인 요소는 일상적 교육에서 소외된 채 진행되어 온 셈이다.

혁신학교와 배려공동체

전인교육을 위해, 안전하고 평화로운 학교를 위해, 학교 교칙을 수정하고 상벌점제를 도입하는 등 다각적인 노력에도 불구하고 학교 안에서 폭력, 소외, 배제 등의 현상은 여전히 나타나고 있다. 이러한 학교의 문제들이 오롯이 학교만의 책임은 아니지만, 자기 자신과 타인에 대해 배려하는 인간을 기르고자 하는 공간으로서의 학교를 생각할 때 지금의 현실은 우리에게 더욱 깊은 고민을 던져주고 있다.

혁신학교의 출현은 다양한 측면에서 기존학교 체제를 재구조화하는 계기가 되었는데, 특히 학교구성원 간의 관계양식과 밀접한 연관을 가진 생활교육에 많은 변화를 가져왔다.

혁신학교에서 추구하는 '윤리적 생활공동체'는 자율적인 규범으로 질서가 유지되도록 하는 일상적 실천공동체이다. 이는 학교가 그 구성원들의 일상적, 지속적 관계를 중요시하고 매일 행하는 사회적 교환을 통해 형성되는 관계적 신뢰와 존중을 전제로 함을

의미한다. 이는 지시, 통제, 규칙, 상벌 등에 의존했던 과거 생활지
도에서 나아가 보다 포괄적인 생활교육에 대한 진지한 고민을 던
져주는 개념이기도 하다.

그동안 학교에서의 도덕교육은 성실, 정직, 준법 등과 같은 도
덕적 덕목을 하나하나 배워가는 과정이었다. 혁신학교는 기존의
덕목 중심의 도덕교육에서 벗어나 관계 중심의 생활교육으로의 변
화를 주도하였다. 이는 생활교육이 공동체 안에서 관계적 신뢰를
회복하는 인성교육으로 변화하는 큰 출발점이 되었다.

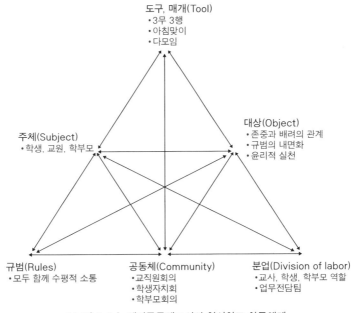

[그림 3-1] 배려공동체로서의 혁신학교 활동체계

기존학교에서 학생에 국한되었던 실천들이 교사, 학생, 학부모 등으로 확산되면서 더욱 다양한 형태의 실천들이 이루어졌고, 이는 혁신학교 활동체계의 매개들과 영향을 주고받으며 학교문화에 적잖은 변화를 일으켰다.

[그림 3-1]은 혁신학교에서 배려공동체를 구축하기 위해 어떤 상황을 윤리적 문제로 받아들였으며 그것을 해결하기 위해 학교조직 안에서 어떻게 실천하며 수행했는지를 말해주고 있다.

주체

혁신학교에서는 주체를 학생, 교사, 학부모로 상정한다. 혁신학교에서는 집단이 아닌 학생 개개인에 주목하고 학교의 구성원으로서 보다 주도적이고 능동적인 학생의 역할에 관심을 가졌다. 학생에 대한 인식 변화는 혁신학교에서 학생들이 능동적으로 참여할 수 있는 다양한 기회를 열어주는 계기가 되었다.

K교사 제가 작년에 와서 가장 놀란 것은 학생 대토론회와 스티커 투표였어요. 임원단이 아닌 학생들이 스스로 원해서 대토론회에 참가하고 그 자리에서 결정된 6개의 규범을 전교생이 스티커 투표를 통해 규범을 선정하는 것을 보면서 혁신학교에서는 학생들의 역할이 굉장히 크구나 하는

생각이 들었어요.

혁신학교에서 학생에 대한 인식 변화는 교사들에게 낯선 경험을 제공하였고, 이는 교사–학생의 관계를 새롭게 설정하는 계기를 마련하였다. 이는 지시·통제 중심의 생활지도가 아닌 존중·배려를 기본으로 하는 포괄적 생활교육으로의 변화를 예고하였다.

　　L교사　학교 워크숍에서 상벌점제에 관한 문제점을 이야기하면서 화가 나서 며칠 잠을 설쳤어요. 그렇지만 다들 문제가 있다고 하니 한번 없애보자는 생각이 들었죠! 불안한 마음으로 스티커제를 없앴는데 반에 크게 문제가 없는 거예요. 졸업한 아이들이 찾아와 왜 올해는 스티커 모으는 것을 하지 않느냐고 물어서 이제는 하지 않는다고 말해줬어요.

모두가 한목소리로 민주시민교육의 중요성을 외치고 있지만, 이는 학생에 대한 교사의 인식 변화 없이는 결코 이루어질 수 없다. 학생에 대한 인식의 변화는 당위성만으로는 되지 않는다. 혁신학교에서는 윤리적 생활공동체라는 구체적 과제실행, 성찰과 학생 참여활동을 경험하면서 교사들의 학생에 대한 인식이 서서히 변화되었다. 이는 교실에서 일어나는 다양한 윤리적 상황 속에서 교사의 공감, 배려, 존중 등의 관계지향 행위가 증가함을 통해 확인할 수 있었다. 더불어 교사–학생 간의 공감적 행위는 학생–학생 간의 관계까지 영향을 주어 교실공동체를 구축하는 바탕이 되었다.

기존학교에서는 생활지도 대상이 학생에게 한정되어 있었다면 혁신학교에서는 윤리적 생활공동체라는 과제 설정을 통해 학생뿐만 아니라 교사, 학부모까지 그 대상의 영역을 넓혀간다. 오히려 학생보다 교사에 더 큰 비중을 두고 있으며 솔선수범, 사제동행 등 교사의 전통적 역할에 주목한다. 이는 학생의 변화를 이끌어내지 못하는 기존 연수, 프로그램 중심의 생활지도에서 벗어나 일상적인 배려관계를 바탕으로 교사가 모델이 되어 인격적 감화를 통한 학생의 내면적 변화를 유도하고자 한다. 그래서 혁신학교에서의 생활교육은 프로그램보다 경어 쓰기, 아침 인사 등의 일상적이고 지속적인 활동을 중요하게 생각한다.

> P교사 여기에 와서 학생들에게 교사들이 경어를 사용하는 것을 보고 적응이 안 돼서 혼났어요. 그런데 저도 경어를 사용하다 보니 학생들에게 화가 날 때도 덜 감정적이 되는 것 같기는 했어요.

학부모도 역시 학교공동체의 일원으로 받아들이려는 적극적인 노력이 이루어지고 있다. 그동안 학부모의 역할은 교육소비자이면서 학교 요청에 따른 소극적 지원이 중심이었다면 혁신학교에서는 보다 적극적인 학부모의 역할을 기대한다. 즉, 학교 비전을 공유하고 교육활동에 대한 협의 및 지원의 역할을 부여하고 혁신학교의 지속성을 가능하게 할 지원군으로서 인식한다.

목표

지시와 통제, 처벌 등으로 소외와 고립을 낳았던 기존 생활지도에 대한 반성은 '존중과 배려의 따뜻한 학교문화 만들기'라는 새로운 과제를 혁신학교에 부여하였다. 기존학교에서 안전하고 평화로운 학교를 위해 시도했던 다양한 노력들이 사안 중심, 개별 교사의 역량에 의존, 일회적 처리 등의 문제를 안고 있었다면 혁신학교에서는 사람 중심, 교사 공동 해결, 공동체 복귀 후 적응 등 관계 회복에 주목하였다. 이를 위해서는 학생뿐만 아니라 교사 간에도 신뢰관계가 구축되어야 하고 구성원들의 자율적인 규범 의식이 있어야 가능한 일이다. 이런 바탕에서 윤리적 실천이 이루어지고 평화롭고 안전한 학교가 만들어질 수 있다. 이것은 모든 학교들의 목표일 것이다.

일상적 만남과 소통을 통해 존중과 배려의 관계가 구축되면 자존감과 소속감이 강화되고 이는 공동체성을 강화하여 공동체의 가치를 반영하고 있는 규범 의식을 더욱 높이고 나아가 윤리적 실천을 도모하게 된다.

매개

3무 3행

혁신학교에서는 규범 제정을 할 때 구성원들이 모두 함께 직접 참여하도록 하고 있다. 공동체는 규범을 가지고 있다. 공통의 가치와 규범을 공유함으로써 공동체가 지향하는 바를 설정하고 실천해나간다. 그 속에서 개인은 공동체의 일원으로서 자신을 규정하고 공동체는 결속을 다진다.

종래의 학교에서 규범 제정은 학교장, 교사들이 전적으로 만들고 적용하였다. 학생들은 전달받고, 위반했을 때는 규정에 따라 처분이 내려졌다. 이런 규정이라면 학생들이 자신들이 만들지도 않은 규범에 자발적으로 복종할 의무가, 그리고 규범을 위반했을 경우 도덕적 책임감, 죄책감을 가지기 어렵다[배한동, 은종태, 2010].

A초등학교는 혁신학교 2년차에 교사 규범을, 3년차에는 학생·학부모 규범을 만들었다. 전 교사가 참여한 교사 워크숍을 통해, 3~6학년 학생들의 자원을 받아 학생 대토론회를 통해, 학급 학부모 위원들의 전체 회의를 통해 규범들을 선정하고 스티커 투표, e-알리미 의견 수렴 등 구성원들이 모두 참여하는 방식으로 의견을 수렴하였다. 이는 그간 소수 대표자 중심의 규범 제정 방식에서 벗어나 전 구성원이 참여하는 방법으로 규범에 대한 관심을 높였다. 또한 형식적 대표가 아니라 되도록 많은 구성원들의 참여를 유도하여 실제적인 규범을 만들고자 노력하였다. 스스로 제정한 규범

에 대한 의무감과 책임감은 매우 커서 규범 준수의 측면에서도 매우 효과적인 방식이다.

그러나 규범 제정에 직접 참여하는 것만으로 규범을 내면화하기는 역부족이었다. 특히, 학생들의 경우 스스로 만든 규범에 지속적 관심을 갖도록 하는 후속 조치가 필요했다. 그래서 혁신학교에서 주목한 것이 바로 학생자치 활동이었다. 정기적인 소통의 시간을 통해 일방적인 교사의 훈계가 아닌 학급 동료들과 함께하는 자성적 성찰 과정을 경험하게 함으로써 실천력을 높인 것이다.

K교사 교사 규범을 정해야 한다는 말을 처음 들었을 때는 우리에게 또 뭔가를 하라고 하는 것 같아 불편한 느낌이 들었어요. 그런데 학생도 학부모도 정한다고 하니까 우리도 해야 하는구나 하고 받아들였어요.

교사 규범 제정에 대한 논의가 시작되었을 때 교사들은 노골적으로 불편함을 표출하였다. 공무원 행동강령도 있는데 굳이 또 규범을 만들 필요가 있느냐며 반문했다. 그러나 규범 제정 워크숍에 참여함으로써 교사 규범이 비난이나 제재가 아닌 바람직한 교사상을 제시하는 것임을 알고는 불편한 마음을 누그러뜨렸다. 교육 3주체 규범의 내용을 보면 주로 원칙적으로 지향해야 하는 모습을 제시하는 식으로 제정되는 것을 확인할 수 있다. 규칙처럼 구체적인 행위를 규제할 수는 없지만 공동체를 이루어나가기 위한 서로

의 역할기대를 명확히 한다는 점과 구성원 간의 최소한의 관계양
식의 기준점을 제시해준다는 점에서 의미가 있었다.

아침맞이

혁신학교에서의 아침맞이는 이제 일반명사가 되었다. 혁신학교
의 대표라 할 수 있는 성남의 보평 초등학교에서 시작된 아침맞이
는 처음엔 그 학교만의 전유물이었으나 현재는 혁신학교라면 어디
든 해야 하는 일처럼 여겨지고 있다. 교사-학생 간의 따뜻한 관계
만들기를 위해 등교시간에 담임교사는 교실에서, 비담임 교직원들
은 교문에서 하는 학생 맞이를 아침맞이라 칭한다. 따뜻한 관계맺
기는 말로만 되지 않는다. 혁신학교에서 아침맞이는 보다 적극적인
실천을 통해 관계를 맺겠다는 의지의 표현이다.

기존학교에서 생활교육의 일환으로 행하는 프로그램, 캠페인
등과 같은 일회적인 행사와는 다르게 아침맞이는 매일 일상에서
이루어져야 하고 교사들의 솔선수범이 중요하다. 이런 이유로 혁신
학교들에서조차 아침맞이를 전 교원이 함께 지속적으로 실행해 문
화적 전통을 만드는 일은 쉽지 않다. 그래서 아침맞이 실천 정도
가 혁신학교의 수준처럼 여겨지기도 한다.

> C교사 6학년을 여러 해 맡고 있는데 아침맞이로 생활지
> 도에 상당히 도움을 받고 있어요. 다 큰 아이들이라 땀냄새
> 등으로 거북하기도 하지만 도움이 많이 돼서 그만둘 수가

없어요.

L교사 아침에 컴퓨터 켜지 말고 아침맞이를 하라고 해서 처음에는 솔직히 짜증이 났어요. 그런데 어느 날 문득, 20년 가까이 학교에 있으면서 오롯이 반 아이들만 생각하며 기다린 시간이 얼마나 될까 하는 생각이 들었어요. 아침 인사하는 동안 진짜 좋은 선생님이 된 것 같은 생각이 들어요.

아침맞이는 교사가 시작하지만 학생의 화답으로 마무리된다. 지속적 실천 과정 속에서 미소, 웃음, 소소한 일상나눔 등 긍정적인 효과가 나타남을 확인할 수 있다. 아침맞이는 교사-학생 관계에 그 어떤 것도 개입하지 않은 '존재와의 만남' 그 자체임을 알 수 있다. 이는 배려윤리 측면에서 배려자와 피배려자의 관계에 주목하는 실천이라 볼 수 있다. 아침맞이는 교사와 학생이 함께 만들어가는 관계의 하모니다. 이렇게 만들어진 따뜻한 관계는 평화로운 하루의 바탕이 된다.

다모임

구성원 모두가 함께 모여서 하는 회의를 다모임이라고 일컫는다. 6학급의 남한산 초등학교에서 학생, 교사 모두가 모여서 했던 생활회의를 일컫던 고유명사가 혁신학교들에서 학생, 교사, 학부모

등 주체별로 전체가 모여서 하는 회의를 지칭하는 일반명사가 되었다.

다모임은 대의제를 통해 대표들이 모여 결정했던 기존의 의사결정 방식에서 벗어나 구성원 모두가 함께 참여하여 상황을 공유하고 결정하는 과정으로 진행된다. 이는 폐쇄적이고 독점적인 학교문화를 개선하는 효과가 있으며 결정된 사항에 대한 구성원들의 실천력을 높인다.

성남 혁신학교 4년차인 A학교에서는 학교장과 학년 학생이 모두 모여 학기별 1회 다모임을 개최하고, 학기별 1회 학년 다모임, 수시 학급 다모임, 월 1회 교사 다모임, 월 1회 학부모 교육과정 위원회 등이 열리고 있다. 특히, 학교장과 함께하는 학년 학생 다모임은 학교장이 학생들의 요구사항을 적극적으로 수용하면서 학생들은 학교활동에 많은 관심을 가지게 되었고, 동시에 학교에 대한 신뢰와 자부심이 높아지는 것을 학교 설문 등을 통해 확인할 수 있었다.

학년 다모임의 경우 학기 초 학년 규범을 세우기 위해 학년 전체 학생이 서로 섞여 규범을 논의하는 기회로 활용하고 있다. 학급 다모임은 매일, 일주일 2~3회, 수시 등 다양한 형태로 진행되고 일상적 생활나눔, 학급행사에 관한 협의 등으로 이루어지고 있다. 특히 일상적 생활나눔이 주 1회 이상 개최되면, 횟수가 많아질수록 시간 확보의 어려움은 있으나 학급생활에서 발생하는 갈등 해결의 장으로서 큰 갈등으로 번지지 않게 하는 완충 역할을 한다.

J교사 매일 학급 다모임을 진행하는데, 1교시 수업시간이 좀 부족해져서 어려움은 있지만 할 때마다 이야깃거리가 줄어들지 않아서 신기해요. 아이들은 무슨 할 말이 그렇게도 많은지. 그런데 정말 좋은 것은 내가 몰랐던 갈등들이 쏟아져 나오고 함께 이야기를 나누면서 대부분 해결되어 생활지도에 도움이 많이 돼요.

L교사 아이들이 "다모임에서 이야기하겠다."고 하면 친구들을 괴롭히던 아이들이 대부분 괴롭힘을 멈춘다고 해요! 선생님한테 혼나는 것보다 친구들에게 알려지는 것을 더 큰 부담으로 느끼는구나 싶어서 놀랐어요.

다모임은 기존 학생회의와는 다르게 운영되는 경우가 많다. 내용 면에서는 미리 계획된 의제보다는 상황에 따라 학생들에게 필요한 의제가 다뤄지고, 운영 면에서 절차를 간소화하여 교사나 학급대표가 아니어도 진행할 수 있도록 한다. 다모임이 반복되고 지속되자 학생들의 규칙위반 및 갈등 사례가 줄어들었고, 학교, 학급활동에 대한 관심과 참여율이 높아졌다.

다모임에서는 적극적인 교사의 참여 역시 중요하다. 학생 간에 생길 수 있는 권력을 견제하고 공동체의 비전을 향해 모두가 협력해야 함을 드러내는 중요한 요소로 작용하기 때문이다. 이는 대부분이 교사의 판단으로 귀결되는 교실의 다양한 문제 상황을 공동체가 함께 논의하고 해결함으로써 독단의 오류를 견제하고 학급, 학교공동체와 함께 해결해 나갈 수 있다.

과제와 전망

지금까지 우리는 학교 안의 구성원들이 맺고 있는 관계적 양상에 주목하며 학교 안에서 이루어진 윤리적 실천과 새로운 도전들에 관하여 살펴보았다. 활동이론을 바탕으로 기존의 학교체제 안에서 발견되는 주요 모순들을 알아보았고, 이러한 모순을 토대로 구성원들이 새롭게 고안한 매개가 학교를 변화시키는 과정을 들여다보았다.

혁신학교에서는 평화롭고 안전한 학교, 즉 윤리적 생활공동체를 구축하기 위해 주체와 도구들을 기존학교와 다르게 상정하고 실천하였다. 주체의 경우 학생뿐만 아니라 교사, 학부모까지 확대하였고 학생은 교육의 대상이기보다 자발적, 능동적 주체로 인식하였다. 특히, 교사는 솔선수범, 사제동행 등 전통적인 가치를 강조하면서 그 역할에 주목하였는데, 이는 배려이론에서 모델로서의 교사 역할을 강조하는 점과 닮았다.

혁신학교에서 존중과 배려의 관계, 규범의 내면화, 윤리적 실천

등의 목표를 이루기 위해 아침맞이, 3무 3행, 다모임 등을 실천하였다. 이는 만남, 소통을 전제하는 관계지향적, 일상적 활동을 중심에 두고 있음을 알 수 있다. 혁신학교에서 만들어가고자 하는 관계는 한쪽의 일방적인 배려가 아닌 서로 간의 기여를 통해 함께 완성해가는 상호 호혜적 배려이다. 그래서 교사의 실천만큼이나 학생들의 공감, 나아가 윤리적 실천까지도 중요하게 생각한다. 더불어 이러한 혁신학교의 실천들은 공동체가 함께 참여해서 결정하고 실천력을 모아간다.

이러한 노력들은 권위를 통해 지시하고 통제하던 교사들로 하여금 학생들을 이해하고 존중하는 태도로의 변화를 이끌었고, 학생들은 교사를 존경하고 배우려는 마음가짐을, 학부모들 역시 교육의 주체로서 협력하려는 태도와 시도가 증가하였다. 학교에서 공동생활교육, 사랑의 인사, 허그, 돌봄, 아침맞이, 눈맞춤, 도와주기, 협력학습, 학부모 명예교사 등의 실천들이 증가하고 있음을 통해 확인할 수 있다. 또한 교사 간, 교사-학생 간, 학생 간 등 다양한 형태의 협의를 통해 역할 배정, 민주적 의사결정, 협력적 실행이 나타났다.

그러나 이러한 혁신학교들의 노력들에도 불구하고, 존중과 배려의 관계를 만들기 위해 시도되어야 할 규범 만들기가 형식적으로 전락되는 경우들이 있다. 또한 여전히 교사 주도의 통제와 규제 중심의 내용으로 만들어지기도 하고, 반별, 학년별 서로 다른 규범 적용으로 학년, 학교 공통성을 만들어내지 못하고 있는 경우도 있다. 더불어 지속적인 성찰의 과정이 없는 경우도 많다. 결국 구성원들의 규범 내면화는 점점 요원해질 수밖에 없다.

존중과 배려의 관계가 갈등회피 현상으로 나타나는 경우도 있다. 생활교육을 하다보면 때론 엄격함과 단호함이 필요할 때가 있다. 하지만 그런 상황이 마치 아이들을 존중하지 못하는 교사가 되어버리는 분위기 속에서 오히려 존중과 배려는 가장된 방관과 무관심으로 나타나기도 한다.

윤리적 생활공동체 곧 배려공동체의 구체적 모습은 서로 존중하고 배려하는 관계를 만들고 생활규범을 바로 세워 민주적인 학급공동체를 만드는 것이다. 이는 성실함, 책임감, 도덕성을 완벽하게 갖추고 있는 교사가 아니더라도, 관계에서 서로를 북돋우는 연결자로서 교사를 상정해야 한다. 그러나 이러한 교사역할을 잘못 이해하여 많은 교사들이 완전무결한 교사상에 부담을 느끼거나 번아웃이 발생하기도 하는 부작용도 있었다.

신뢰관계 구축, 규범의 내면화, 윤리적 실천을 이루기는 쉽지 않다. 과제의 특성상 시간을 들여 축적해야 가능한 일이다. 또한 노력과 변화가 눈으로 확인되지 않는 어려움도 있다. 더구나 순환제 구조 속에서 매년 교사들이 교체되면서 경험하지 못했거나 실천에 동의하지 않는 구성원들의 존재도 역시 난관이다. 그렇지만 윤리적 생활공동체로서 학교문화를 만들기 위해 도전과 실천을 포기해서는 안 된다. 윤리성은 공동체를 만드는 핵심가치이기에 더욱 그러하다.

다모임, 3무 3행, 아침맞이와 같이 새롭게 고안된 실천적 매개에 대해 다양한 관점에서 의미를 부여할 수 있겠지만, 배려적인 관계에 집중해서 학교를 바라볼 것을 제안한다. 올바르고 좋은 삶을 찾아가는 여정에서 배려를 최고의 가치로 상정한 나딩스의 입장이 아니어도 학교를 모종의 기능을 수행하는 집단이 아닌 사람들 사이의 관계망으로 바라보는 관점만으로도 배려공동체로서의 학교에 대한 논의는 충분히 의미가 있다. 배려공동체로서의 학교는 학교의 중심에 '잘 관계맺은 사람들'이 있어야 함을 보여주고 있으며 이러한 관점이야 말로 공동체로서의 학교의 본질을 이해하는 기본 바탕이 된다.

배려의 의미를 여전히 불특정한 타인에 대한 예의바른 태도, 뒷사람을 위해 열린 문의 손잡이를 끝까지 잡아주는 정도의 에티켓으로 이해한다면 배려공동체로서 학교의 의미 역시 불충분할 수밖에 없다. 배려공동체로서의 학교를 구성하는 것은 윤리적 덕목으로서의 '배려'를 충실하게 수행하는 '착한 사람들'이 아니라 오히려 기존의 낡은 가치관이나 규범들을 나와 타인의 온전한 성장을 위해 '개선해가는 사람들'에 가까울 것이다.

학교 안에서 서로가 서로를 돌본다는 것은 생각보다 깊은 의미를 함축하고 있다. 단순히 위험으로부터 학생을 보호하고 방학 중 근무시간표를 함께 작성하는 것을 넘어, 학생을, 동료를 진심으로 배려한다는 것은 어떤 의미인가? 다모임과 아침맞이가 서로를 돌보는 행위가 되기 위해서 우리가 놓치지 말아야 할 것은 무엇인가? 이것은 개인 차원의 고양된 윤리의식으로 가능한 일인가?

이처럼 학교를 배려공동체로 규정하는 순간 우리는 학교 안에서 '좋은 일'로 여겨왔던 행위들에 대해 보다 심도 깊은 질문을 던지게 된다.

배려공동체로서의 학교는 나를 비롯해 나와 관계된 타인의 존재에 깊은 관심을 가지며 학교 안에서 함께 성장하고 행복을 누리는 일에 보다 헌신할 것을 의미한다. 이기주의와 이를 부추기는 경쟁시스템에 상처입을 대로 상처입은 우리의 학교현장을 되돌아볼 때 학교를 진정한 배려공동체로 가꾸는 일은 더욱 절실하게 다가온다. 끊어진 관계망을 복원하고 그 관계 속에서 서로를 염려하고 아끼는 가장 원초적인 인간의 모습을 발견하는 일, 공동체로서의 학교가 찾아낸 중요한 과제 가운데 하나이다.

| 4장 |

정의공동체로서의 학교

김자은, 박희규, 임동희, 유선미, 이만주

왜 정의공동체인가?

소득불평등은 나날이 심화되고 장기적인 저성장 시대를 살고 있는 요즘, 학교는 어떠한가? 우리는 이 시점에서 학교에서 교육의 평등이 보장되고 있는지, 나아가 사회정의를 실천하는 장이 되고 있는지 묻고 싶다. 사실 학교는 불평등과 양극화 문제를 해결하려는 의지가 그다지 있어 보이지 않는다. 그동안 학교는 사회에서 멀찍이 떨어져서 학교 안의 문제를 해결하기에 급급했고, 교사들도 수업시간에 관련 내용을 다루는 정도일 뿐 외면해 온 것이 사실이다.

그렇다면 혁신학교는 어떨까? 교육의 본질을 찾고 학교를 변화시키기 위한 혁신학교 운동도 거의 10년 가까이 되었지만, 그동안 학교가 얼마나 정의로워졌는지는 의문이다.

혁신학교의 기본 철학은 공공성, 민주성, 윤리성, 전문성, 창의성, 자발성, 공동체성 등이다. 그 가운데 공공성은 '교육에서 공동선의 실현을 기본 가치로 설정하고 교육의 양극화, 학교의 서열화,

소수의 수월성 교육에서 벗어나 학교교육의 혜택을 모든 사람이 차별 없이 향유하는 것'경기도 교육청, 2015을 의미한다. 혁신학교는 그동안 개인의 '행복'에 관심을 갖고, 학교 교육과정을 변화시켜왔지만 '정의로운 공동체'에는 그만큼의 관심을 갖지 않았다. 그리고 혁신학교 역시 기회의 평등함이 어느 정도 주어지면 역할을 다했다고 생각하고 결과에 대해서는 눈을 감아왔다.

인간으로서 존엄하고 행복하게 살아가기 위해서는 '옳음'과 '좋음'의 문제가 중요하다. 무엇이 옳은가? 어떤 것이 좋은 삶인가? 우리는 그동안 '옳음'과 '좋음'의 문제보다는 효율성과 시장 논리의 측면에서 학교개혁이 이루어졌다고 생각한다. 이제 대안으로 '사회정의'와 '공공선'에 대해 이야기할 때다. 수업 방식이나 배움의 공동체, 전문적 학습공동체에 대한 이야기는 많이 했지만, 그 내면에 있는 '누구의 지식을 가르치는가?', '무엇이 옳은가?', '정의란 무엇인가?', '한 아이도 소외되지 않는 정의로운 배움은 어떤 것인가?' 등에 대한 이야기는 별로 하지 않았다. 모두가 행복한 학교를 만들고, 정의로운 사회로 나아가기 위해서는 '정의공동체'를 빼놓을 수 없다.

이 장은 정의공동체의 눈으로 혁신학교를 들여다보기 위해 '정의', '정의공동체'에 대한 콜버그Kohlberg, 롤스Rawls, 왈쩌Walzer, 샌델Sandel 등의 이론적 연구를 살펴보고, 기존의 학교체제 및 모순을 엥게스트롬Engeström의 활동이론으로 분석하였다. 그리고 대안이 될 혁신학교의 활동체계를 자세히 알아보고, 더 넓은 영역으로 확장된 시사점을 제시하였다.

먼저, 정의공동체에 대한 정의를 정리하면 다음과 같다.

> 정의공동체란, 민주적 의사결정, 자치와 참여, 민주시민
> 교육을 통해 주체가 되는 삶을 살고, 분배적 정의를 포함한
> 사회정의에 대한 토론과 사회참여 수업으로 더불어 사는 삶
> 을 지향하며, 개개인 모두가 존엄하고 행복한 삶을 살아가도
> 록 돕는 공동체를 말한다.

이 장에서는 이러한 정의공동체로 나아가기 위해 다음과 같이
세 가지 관점을 설정하였다. 첫째, 콜버그의 정의공동체에서 볼 수
있듯이 자신의 문제를 스스로 해결해가고 가상적 딜레마상황이
아닌 일상의 민주주의, 일상적 문제해결에 대해 이야기하는 수업
과 학생자치, 학부모자치, 교사자치를 실현하는 '자치와 참여'의 영
역이 있다. 둘째, '정의'에 대한 이론적 연구를 바탕으로, 수업상황
에서 이루어질 수 있는 '사회정의교육'을 들 수 있다. 결국, 학교 변
화는 '수업'을 통해 구체화될 수 있다. 학생들이 '사회정의수업' 프
로젝트, '사회참여수업' 프로젝트 등을 통해 시민의식을 함양하고
더불어 사는 삶을 실천함으로써 민주시민으로 성장했을 때 공공
선을 추구할 수 있게 되고 이후에 최소수혜자를 위한 사회적 합의
도 가능하게 된다. 셋째, 롤스의 정의론에서 말하는 '최소수혜자의
최대이익', '차등의 원칙'에 의거하여 약자의 교육기회를 우선시하

고, 출발점을 같게 하며, 위기학생을 지원하는 '학습복지'의 영역이 있다. 또한 롤스에 대한 샌델의 비판을 고려하여, 샌델의 '좋은 삶'에서 이야기하는 '개개인 모두가 존엄하고 행복한 삶'에 대해서도 늘 중시해야 할 것이다.

정의공동체와 정의관

정의라는 말은 우리 사회에서 정치사회적으로 자주 쓰이는 단어 가운데 하나이다. 1980년대 '정의사회구현'과 '천주교정의구현전국사제단'에서 쓰인 '정의'는, 어휘는 같지만 그 안에 내포되어 있는 의미는 전혀 상반된다는 걸 알 수 있다. 어떤 낱말이든 그 단어를 사용하는 주체에 따라 비슷하거나 전혀 달라진다. 전자의 경우, 힘을 기반으로 한 지배의 의미가 강할 것이고, 후자의 경우, 평등과 자유의 성향을 좀 더 포함하고 있을 것이다. 이와 같이 낱말은 시대의 상황과 사용자에 따라 달라짐을 알 수 있다.

우리 사회가 흔히 말하는 정의와는 어떤 차이가 있을까? 정의를 '진리에 맞는 올바른 도리', '개인 간의 올바른 도리, 또는 사회를 구성하고 유지하는 공정한 도리'국립국어원 표준국어사전, 2018, '사회나 공동체를 위한 옳고 바른 도리'다음 국어사전, '개인 간의 올바른 도리. 또는 사회를 구성하고 유지하는 공정한 도리'네이버 국어사전라고 하는 것을 보았을 때, 정의의 개념에서 분리시킬 수 없는 것이 평등일 것이다.

흔히 우리는 정의라 하면 어떤 기준에 대해 동일(평등)한 처벌이나 보상을 말하는 경우가 많다. 우리 사회에서 "유전무죄, 무전유죄"라는 말도 정의가 제대로 구현되지 않음을 단적으로 나타내는 말일 것이다. 그래서 어쩌면 우리 사회는 특권층에 대한 감시 또는 저항의 필요로 인해 정의의 개념 안에 '평등'이 좀 더 크게 자리잡고 있다. 평등한 대우가 곧 정의와 연결된다는 인식이다. 또한, 소득분배의 격차가 커짐에 따라서 평등한 분배에 대한 관심이 집중되면서 정의에 대한 관심이 커지고 있다.

그렇다면 혁신학교를 정의공동체로 바라보는 관점에서의 정의란 무엇일까? 이 장에서 우리는 정의공동체로서의 학교를 다루는 데 있어, 콜버그, 롤스, 왈쩌, 샌델 등의 이론을 바탕으로 하여 혁신학교의 활동체계를 분석해 보려 한다.

콜버그의 정의공동체

콜버그의 정의공동체는 가상적 딜레마를 통한 교실수업이 아니라 실제 삶의 문제를 토의하고, 갈등을 겪으면서, 합의하는 과정을 통해 도덕성을 향상시키기 위한 프로젝트라고 할 수 있다. 이 접근법은 개별 학습자 간의 경쟁적이고 자기중심적인 교실환경 및 학교환경을 탈피하여 학교나 교실 분위기를 상호 협동적이고 민주적인 공동체로 바꾸려는 노력이라고 볼 수 있다^{배한동 외. 2010}. 콜버그가 그의 후기 사상에 기초하여 계획했던 정의공동체 학교에서 실행하였던 실제 삶의 문제를 논하는 교육활동이야말로 학생들이 몰입할 수 있는, 적극적인 참여를 유도할 수 있는 교육활동이다. 혁신학교에서도 이와 같은 아이디어가 학생자치, 교사자치 등 여러 모습으로 나타나고 있으며 실질적인 효과를 보고 있다. 한 혁신학교 교사는 이러한 효과에 대해 다음과 같은 요지로 말해주었다.

> 지난 번 근무하던 학교에서는 회의 참여에 적극적이었는데, 현재 근무 중인 학교에서는 별로 적극적이지 않다. 왜 그러는지 곰곰이 생각해보니 지난 학교는 우리가 회의를 하고 결정하면 그대로 실행하고 결과로 이어졌는데, 지금은 우리가 회의를 열심히 해서 결정을 하더라도 위(관리자 등)로 올라가면 수정되거나 거부되는 경우가 많아서 회의에 적극적으로 참여하지 않게 된다.

콜버그는 정의공동체 접근을 도덕적 자율성에 대한 존중이라고 했다. 이것은 강요하지 않아도 학생들의 도덕적 책임감과 도덕적 의무감이 강화되기 때문에 매우 효과적인 방식이라고 보았다. 배한동 외²⁰¹⁰에 따르면, 콜버그의 정의공동체 접근은 "스스로 제정한 규범에 대한 의무감과 책임감이 매우 커 규범 준수 측면에서 매우 효과적인 방식이다."라고 했다. 학생자치뿐 아니라 교직원, 학부모자치 활동이 잘 이루어지는 학교의 경우 이러한 규칙이 잘 지켜지고 있음을 확인할 수 있다. 스스로 규범을 만들고, 이를 존중받을 때, 적극적인 참여와 실천의지를 불러올 수 있음을 입증한 것이다. 혁신학교의 3주체 생활 협약은 이와 밀접한 관련이 있다.

롤스의 정의론

롤스는 공정한 절차를 통한 합의로서의 정의를 주장하였는데, 이는 공동체에서 공정한 절차와 규칙을 따른 합의는 정의롭다는 것이다. 그리고 이러한 절차와 합의는 모두 사회적인 계약이고, 이러한 계약은 개인과 집단의 관계에 적용할 수 있으며, 이 계약에 따라서 이득의 적절한 분배 또한 모든 당사자들이 받아들일 수 있는 원칙들이 되어야 한다고 하였다.

특히, 주목할 부분은 차등의 원칙이다. 차등의 원칙에 따라 그는 모든 사람을 동등하게 대하기 위해서, 즉 진정한 기회균등을 제공하기 위해서 사회는 마땅히 보다 적은 천부적 자질을 가진 사람과 보다 불리한 사회적 지위에서 태어난 사람에게 더 많은 관심을 가져야 한다고 주장한다. 평등을 지향함으로써 우연적 여건의 편향을 보상해 주자는 것이다롤스, 2016. 천부적 자질을 적게 가진 사람과 불리한 사회적 지위에서 태어나 불리한 이득을 취할 수밖에 없는 이들을 최소수혜자라 하고, 이 최소수혜자들을 위해 사회는 출발선을 맞춰주려는 노력을 해야 한다.

위기학생지원 프로그램과 학교부적응학생을 위한 프로그램이 미약하나마 이러한 취지에서 나온 것이다. 또한 경제적 어려움을 겪는 학생들에 대한 다양한 지원이 이루어지고 있는데, 이 또한 차등의 원칙에 의거한 지원활동이라 할 수 있다. 다만, 이러한 지원들이 복지의 문제와 연관되어 '선별적 복지인가, 보편적 복지인가?'라는 논란의 여지는 남는다.

오늘날 학교는 롤스의 관점에서 '운의 중화'와 출발선 평등과 같은 높은 기준에 도달하지 못하고 있는 것이 현실이다.

공동체주의 관점

혁신학교는 일반학교에 비해 개인적인 성취와 결과보다는 공동체에 더 관심을 쏟는다. 배려공동체, 전문가공동체 등이 이에 속한다고 하겠다.

이 장에서는 혁신학교에서 일어나는 다양한 부정의한 사례나 일들을 살펴보고, 공동체 관점에서 이러한 부분을 개선해나가는 노력들을 조망해보려고 한다.

이와 관련하여 왈쩌는 공동체를 중요하게 생각하였는데, 정의에 대한 개념 또한 공동체에 많은 부분을 의존하고 있다고 보았다.

왈쩌는 정의를 보편적인 어떤 것을 구체적인 상황에 적용하는 것이 아니라 실제에서 발생하는 불의(부정의)의 현상에서부터 도출할 수 있다고 하였다. 불의가 존재함을 인식한다는 것은 그것을 극복하고 제거하기 위한 노력을 전제하는 행위이며, 그 과정을 통해서 그 공동체에 맞는 정의의 개념이 성립 가능하다고 했다[강희룡 외, 2013].

왈쩌는 또 일정한 사회적 가치를 지니는 지위가 다른 가치 영역을 침해해서는 안 된다고 주장하였는데, 특히 자본이 가지는 영향이 다른 영역과 가치에 부당한 영향을 주어서는 안 된다고 했다. 이는 학교에서 한 학생이 수학을 잘한다는 것은 칭찬받아 마땅하지만, 그 사실이 다른 영역에도 지배적으로 영향을 미쳐서는 안 됨을 말한다. 또한 경쟁을 통과해서 어떤 자격을 갖추었다는 사실이 다른 사람들보다 정도 이상의 보상 또는 응분의 몫을 받아야 하는 것은 아니라고 주장한다. 이는 승자가 모든 것을 독식하는 사회를 윤리적으로 비판할 수 있는 근거이며, 다원주의 사회의 윤리적 정당성을 제공하는 논리가 된다.

샌델에 따르면, 정의로운 사회는 삶의 의미에 대하여 함께 고민하고, 서로의 의견을 존중하는 문화를 가꿔야 만들 수 있다. 샌델이 말하는 선은 공동체를 바탕으로 하는 선, 즉 공동선이 된다. 공동선을 추구하는 정의는 공동체의 활동인 자치를 기반으로 한다. 그러한 정치는 시민의식, 희생, 봉사정신 등과 같은 도덕을 갖춘 시민을 양성할 수 있는 기반을 마련함으로써 가능할 수 있다[강희룡 외,

2013. 학교는 학교의 구성원 모두가 존엄하고 행복한 삶을 살아가는 곳임과 동시에 그런 삶을 살아갈 수 있는 역량을 키우는 곳이어야 한다. 혼자 경쟁에서 이겨 독식하는 교육이 아닌 모두가 함께하고 나누는 교육을 지향해야 한다. 이 때문에 스스로의 삶을 가꾸는 자치활동이 중요하게 대두되었다. 또한, 소외되는 학생이 생기지 않도록 다양한 지원에 대한 고민도 동시에 이루어지고 있다.

현대사회가 능력을 중시하는 사회로 전환되었지만 능력과 무관하게 타인을 존중하고 배려하는 가치관 함양을 강조하는 교육은 현실에서 일정한 괴리를 갖게 되는 바, 이 문제를 어떻게 극복할 것인가가 중요한 과제로 남는다_{김운종, 2012}. 사회의 병리 현상들은 주로 승자독식, 물질만능주의의 결과로 나타난다. 이는 학교와 사회에서 승자만이 살아남는다는 잠재적인 교육이 이루어진 결과일 수도 있기 때문에 실로 엄중한 문제이다.

학교는 정의로운가?

정의공동체는 첫째, 구성원이 주체가 되는 삶, 둘째, 시민의식을 바탕으로 한 더불어 사는 삶, 셋째, 개개인 모두가 존엄하고 행복한 삶을 목적으로 하고 있다.

그런데 이 세 가지의 목적들은 혁신학교 이전의 기존학교에서도 추구해온 목적이다. 이러한 목적을 이루기 위한 기존의 학교체제는 어떠했을까? 그리고 지금 혁신학교가 개선하고자 했던 모순들은 무엇이었을까?

주체가 되는 삶, 학생자치

기존학교의 활동체계와 모순

먼저 구성원이 주체가 되는 삶을 위한 기존학교의 활동체계와 모순점을 알아보자. 우선 구성원이 주체가 되는 삶을 위해 학교는 학생자치회, 학부모자치회, 교사자치회(교무회의, 교사 다모임), 학교 운영위원회 등 다양한 단위의 회의 기구, 의사결정이나 참여 시스템을 만들고 운영하고 있다. 그 가운데 학생자치회의를 중심으로 학교 활동체계를 설명해보고자 한다.

일반적으로 학교에서 학생자치는 교과 이외의 창의적 체험활동 영역의 한 부분으로 다루고 있다. 창의적 체험활동은 학생들이 자율적인 생활 자세를 기르고 타인에 대한 이해를 바탕으로 나눔과 배려를 실천하며 공동체의식과 세계시민으로서 갖추어야 할 다양하고 수준 높은 자질을 기르는 것을 목적으로 하고 있다._{교육과학기술부}

고시 제 2009-41호에 따른 초·중·고 창의적 체험활동 교육과정 해설서.

또한 경기도 교육청의 2018 학생자치회 운영 안내 자료에 의하면 '민주적이고 공정한 선거 과정을 통하여 학급자치회 및 학생자치회를 구성하고 회의진행 방법을 익혀 자신들의 문제를 민주적인 절차와 방법으로 해결하는 능력을 기른다.'라고 되어 있다. 즉 학생자치회 활동은 학교에서 공동체의식이나 시민의식을 기르는 교육활동의 과정이기도 하지만 학생들 스스로가 학교의 주체로서 스스로의 삶을 살아가는 과정이기도 하며 학교 전체적인 운영에도 참여할 수 있는 통로이기도 하다.

초등학교에서 학생자치회는 제일 작은 단위로 학급회의가 있다. 그리고 주로 학급대표들과 전교어린이회 임원으로 구성된 전교어린이회의가 있다. 학급에서는 학급담임이, 전교어린이회의에서는 전교어린이회의 담당교사가 학생들로 이루어진 공동체와 함께 한다. 학급자치회는 학급의 모든 학생이 참여하는 학급대표 선거 과정을 통해 선출된다. 대개 반장, 부반장, 회장, 부회장으로 구성되지만 인원이나 선출 규정은 학교마다 조금씩 다르다.

학급회의는 창의적 체험활동의 연간 계획에 의하여 자치활동 영역으로 시간이 배당된다. 그리고 학교나 학년의 교육과정에 따라 또는 학급담임의 재량에 따라 운영의 횟수나 운영방법 등이 조금씩 다르다. 하지만 정례적으로 이루어지고 시수를 배정하여 운영하고 있으며 이를 위해 대표를 선출하는 것은 공통적이다.

전교어린이회는 대개 4학년부터 6학년 학생들이 투표하고 득표 순으로 회장과 부회장을 선출한다. 대개는 1학기, 2학기 대표를 뽑지만 1년 단위로 운영되는 경우도 있다. 전교어린이회는 투표로 당선된 전교어린이회 임원과 학급어린이회의의 대표들로 구성된다. 전교어린이회의 시간은 교육과정이 이루어지는 시간에 편성되지 못하고 주로 방과후에 이루어진다.

학급회의와 전교회의는 연계성을 고려하여 통일된 부서로 구성된다. 예를 들면 총무부, 학습부, 체육부, 오락부, 생활부 등 기능이나 역할에 따라 구성한다. 마치 교사의 업무분장과도 닮았으며 학교생활 전반을 기능에 따라 나누어 놓은 것 같은 인상이 들기도 한다.

학급자치회는 학급의 모든 학생들로 구성된다. 반장과 부반장의 역할은 정확하지는 않지만 학급담임을 대신하는 정도의 관리이다. 또는 학급의 여러 가지 일을 효율적으로 하기 위해 적극적으로 도와주는 도우미의 역할도 한다. 회장과 부회장은 주로 학급회의의 진행을 맡아 한다. 학급에서 담임은 학급회의가 원만하게 진행될 수 있도록 회의 과정을 지도한다. 진행의 순서나 협의 과정에 대해 가르치기도 하지만 회의의 내용까지 관여하는 경우도 많다.

전교어린이회에서도 전교어린이회 임원의 주요 역할은 회의 진행이다. 전교어린이회의에 참여하는 학생은 주로 학급대표들로 구성된다. 회의에 참여하는 학생들은 회의의 주제에 대해 좋은 의견을 교환하고 함께 지킬 실천사항들을 정한다. 정해진 내용들은 학급대표를 통해 학급에 전달되어 모든 학생들이 내용을 공유하도록 한다.

전교어린이회의 담당교사는 연간 계획을 수립하여 전교어린이회 임원들과 함께 회의나 행사들을 진행한다. 회의시간이나 회의에 필요한 내용들을 학급담임에게 안내하고 전달한다. 전교어린이회의나 학급회의에서는 서기를 정하고 회의록을 작성하게 한다. 담당교사는 그 회의록을 관리자에게 보고하고 결재를 맡는다.

이와 같은 학생자치와 관련하여 다음과 같은 모순이 발견된다.

- **주객전도** 담당교사가 주도적으로 계획하고, 의제 선정, 시간 및 장소, 운영 방식, 관리자 결재 등 전반을 맡고 있어 학생이 진정한 주체로서 역할을 하지 못하고 있다.

- **회의의 도구화** 학생들의 삶의 문제를 해결하기 위한 것이

아닌 학교에서 주어지거나 교사의 제안에 따른 주제를 회의 안건으로 상정한다. 생활지도 중점사항과 연결되는 맥락에서 학교 전체, 또는 담당교사에 의해 강요되기도 한다. 즉, 학생에게 필요한 주제가 아닌 학교나 교사 차원에서 필요한 주제로 회의가 진행되기도 한다.

- **공유되지 못하는 구조**   전교어린이회의에서 논의된 결과가 전체의 관심이 되지 못하고 회의 결과는 학급회의에서 형식적으로 전달되는 정도이다. 학생공동체에 회의 내용이 공유되지 못하고 관리자나 교사들에게도 전달되지 않는 경우가 많다.

- **경직된 회의 부서 구조**   학생들의 삶이나 관심과 거리가 멀고 강요되는 부서별-총무부, 생활부, 학습부, 오락부 등-협의는 학생들의 적절한 역할과 참여를 이끌어내지 못한다(예: 수업시간에 집중하자, 수업 후 준비물을 잘 정리하자 등). 그나마 오락부는 마니또 행사나 생일축하 파티 등 학생들의 삶과 깊은 내용을 다루어 호응이 좋고 인기가 많은 편이다. 경우에 따라서 부서가 정해지고 부서에 인원이 할당되어 강제로 배정되는 등 경직화된 회의 부서 구조는 학생들의 자발성과 적극성을 이끌어낼 수 없다.

- **활동 지원 없는 주체** 주체가 계획을 세우거나 회의 결과에 따라 할 수 있는 자원이 매우 한정되어 있다. 예산 사용은 특히 그 정도가 심한데, 예산이 배정되지 않거나 예산이 있더라도 담당교사만 알고 있어 운영주체인 학생들은 예산 사용에 관한 권한이 거의 없다.

- **권력관계 형성의 모순** 학생자치회 대표(전교, 학급)의 역할이 부각되다 보니 대표들은 주체가 되는 반면 다른 학생들은 객체가 되는 현상이 생긴다. 이런 권력관계 형성은 학생자치회 목적과 공동체문화 형성에 모순으로 작용한다.

혁신학교의 활동체계

많은 혁신학교에서 나타나는 두드러진 특징 중 하나는 전시성, 형식적 교육활동을 버리고 삶과 연결되는 실질적인 교육활동을 활성화하는 것이다. 학생자치도 이러한 맥락에 있다.

혁신학교의 교사들과 학생들은 앞에서 제시한 모순들을 극복하면서 어떻게 하면 학생이 학교의 주인으로 설 것인가에 대한 진지한 반성과 고민 속에서 실천들을 해왔다. 학교가 처한 다양한 상황과 요구 속에서 개선이 이루어지다 보니 혁신학교마다 학생자치회의 운영 양상은 매우 다양하다. 그래서 몇몇 혁신학교의 특수한 사례들을 살펴보고 그것을 중심으로 활동체계 속에서의 의미를 생각해보고자 한다.

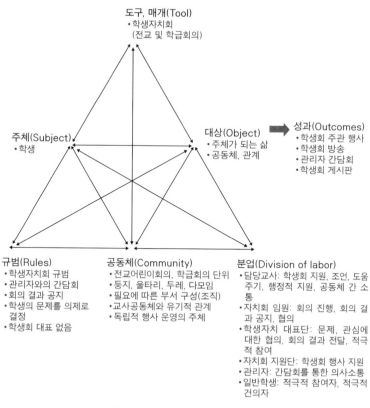

[그림 4-1] 학생자치 활동체계(혁신학교)

혁신학교는 '학생자치회 담당교사의 지원적 역할 강조'에 있어서 일반학교와 차이가 있다. 혁신학교에서는 자치회 활동에 도움을 주는 지원 역할이 더욱 강조되고 있다. 기존에는 학생자치회 단위가 학급이었다면 A초등학교의 경우는 '둥지', B초등학교는 '울타리'이다. 이것은 학교 전체의 학생들을 섞어 학년, 학급이 섞인 학생자치회의 단위이다. 이러한 변화는 A, B초등학교가 학생들이 주인이 되는 삶이라는 목적을 지향하면서, 더 세부적으로 '공동체'와 '관계'를 더욱 비중있게 생각하고 있음을 보여준다. 학급 단위 학생 자치회가 수평적 자치조직이라고 하면 둥지와 울타리는 수직적 조직이라고 하겠다. 학급과 학년을 수직으로 엮어 공동체를 형성하고 좋은 관계를 만들면서 주체적인 참여를 이끌어내고 있다.

학생자치회의 제일 작은 단위로 학급회의가 있다는 것은 기존과 다름이 없다. 하지만 여기에 더하여 위에서 이야기한 '둥지'나 '울타리'와 같이 학년을 수직적으로 엮는 자치 단위가 등장했다. 그러한 조직의 변화는 학생자치회의 회의 내용이나 기능에도 변화를 가져왔다. 학교에서 주어지거나 교사의 주도적 제안에 따른 주생활목표 및 실천사항 만들기가 아닌 학생들의 관심과 문제의식으로 의제가 만들어지고 그에 따른 활동도 만들어졌다. A초등학교의 경우 '둥지' 모임을 통해 캠프나 졸업식을 운영한다. B초등학교의 경우는 '울타리'를 통해 바자회나 비빔밥 만들기, 멍 때리기 대회 등을 운영한다.

'다모임'이라는 이름으로 학생자치회를 운영하는 여러 혁신학교의 사례도 있다. 이 경우 단위가 학급이거나 학년, 또는 전체인 경우도 있다. 다모임의 경우는 대표를 없애거나 대표를 두더라도 전체가 다 모여서 의사결정을 한다. 다모임은 대표를 두어 학생들 사이에 권력관계가 형성되고 그로 인한 폐해를 없애고자 시도한 경우인데 이럴 때는 복도에 의견수렴함을 비치하고 학생들이 많이 건의하거나 제출한 안건을 바탕으로 전체가 모여 의사결정 과정을 거친다.

C초등학교의 경우 학생자치회의의 결과를 공지하는 것을 중요하게 여긴다. 이 학교에서는 회의에서 논의한 결과를 학생회 게시판에 정리하여 공개한다. 자치회 담당 교사는 그러한 내용 중에서 주요 내용을 교사 다모임에 안내한다. 학생자치회 대표는 학교장과 직접 만나서 회의 결과를 이야기하고 학생자치회의 건의사항도 전달한다. 이런 과정을 통해 학생자치회에서 논의한 것이 어떻게 실현되고 진행되는지, 논의한 것 중에서 실현불가능한 것은 왜 그런지가 학교 전체에 공개된다. 회의가 회의로 그치는 것이 아니라 실생활에 직접적인 영향을 미치고 있음을 이러한 과정들을 통해 학생들은 경험한다.

혁신학교인 D중학교에서는 기존의 교사 휴게실을 없애고, 이를 학생자치회실 겸 학생 휴게실로 리모델링했다. 학교에서는 많은 예산을 지원하고 학생들은 다양한 아이디어를 내어 학생회실을 함께 꾸몄다. E초등학교에서는 학생회에서 사용할 수 있는 예산을 학생자치회 구성 후에 학생자치회에 알리고 이를 바탕으로 계획을 세우게 했다. 최근 도교육청의 예산편성 지침이나 학생자치회 활성화 방안에 의하면 학교에 학생자치실을 꼭 구성하고 예산도 반드시 세울 것을 명시하고 있다.

기존의 학교체제에서는 학생들의 규범은 주로 교사가 정하여 일방적으로 전달하는 방식이었다. 그래서 각 학급마다 학생들이 지켜야 할 것들이 조금씩 다르기도 했고, 심지어는 학급 간에 반대가 되는 규칙도 있었다. 그래서 저 반은 되는데 왜 우리 반은 안 되냐는 항의도 있었다. 혁신학교에서는 이러한 모순을 해결하기 위해 학생생활규정이라는 학교 차원의 큰 규범을 만들 때도 학생자치회의 의견을 수렴한다. 이외에도 학생들이 스스로 지킬 약속과 같은 자율적 규범을 학생자치회를 통해 정한다. 또한 이에 대해 검토하고 홍보하며 실천하도록 학생자치회 차원에서 노력한다. 이를 통해 학생자치회에 관여하는 학교 안의 여러 공동체 단위에도 변화를 가져오고 있다. 규범과 공동체의 변화를 통해 학생자치회는 단순한 학습의 과정을 넘어 학생들의 삶의 일부가 되고 학생들의 삶에도 변화를 가져오고 있다.

혁신학교에서도 학급자치회는 학급의 모든 학생들로 구성된다. 하지만 반장과 부반장은 역할의 불분명, 회장과 부회장과의 역할 중복 등의 이유로 사라졌다. 대개 학급자치회의 대표로 회장과 부회장을 둔다. 하지만 F초등학교의 경우는 학급회장과 부회장을 뽑지 않는다. 대신 '두레'라고 칭하는, 전교학생자치회에 자발적으로 참여할 '두레원'을 뽑는다. 두레원은 매주 선거로 선출되는 '두레장'과 함께 매주 두레회의에 참여한다. 두레원은 각 반을 대표하는 대표자가 아니라 두레회의에 적극 참여하는 일꾼의 개념이다.

앞서 언급한 '둥지' 단위의 자치회를 꾸리는 A초등학교, '울타리'를 단위로 한 B초등학교의 경우는 기존의 총무부, 생활부, 학습부 등의 경직된 회의 부서 구조가 아니다. 한 둥지나 울타리는 각 학년의 학생으로 구성된 소규모의 모둠 같은 공동체이다. 따라서 기능적인 역할을 기준으로 부서를 나누지 않는다. B초등학교의 경우 60여 개의 울타리가 있고 역할에 따라 울타리들이 범주화되어 묶인다. 책임울타리, 어울림울타리, 나눔울타리, 질서울타리, 평화울타리, 건강울타리 등이다. 각 울타리는 자치회의 행사에 따라 회의를 통해 역할을 나누어 맡기도 한다.

C초등학교의 경우는 자치회 지원단이 있다. 이는 선거로 선출한 학생자치 대표단과는 다르다. 학생자치 회장, 부회장, 각 학급의 대표로 구성된 전교학생대표단과 별도로 자율적 지원을 통해 구성한다. 방송장비를 다루거나 그림을 잘 그리거나 대자보를 제작하는데 재능이 있는 학생들이 함께하여 학생자치회의 여러 가지 행사를 지원한다.

학생자치의 담당교사도 역할이 달라졌다. 기존의 학생자치회의에 주도적으로 관여하고 지도, 관리하던 역할이 약해지고, 대신에 학생자치회와 교사공동체 간 소통의 역할, 학생들이 학교의 여러 자원을 사용할 수 있도록 도움을 주는 역할, 학생자치회 계획을 학생들 스스로가 세울 수 있도록 과정을 안내하는 역할, 예산을 계획하고 사용하는데 행정적으로 지원하는 역할로 바뀌었다. 주도자에서 지원자로서의 역할이 커진 것이다.

관리자도 역할이 달라졌다. 기존의 학교체제에서 교감, 교장의 역할은 회의록 결재나 건의사항에 대한 검토 정도였다. 하지만 혁신학교에서는 보다 적극적인 역할로 변화하였는데, C초등학교에서는 학생자치회 협의 결과에 대해 학생 대표단과 협의의 과정을 갖는다. 단순한 보고가 아니라 사안에 대해 어떻게 해결할 것인지, 무엇을 지원할 것인지, 무엇 때문에 요구 수렴이 불가능한지를 학생자치회 대표와 협의한다. 이외에도 학생 대표들과 정기적인 간담회를 갖기도 한다.

이처럼 혁신학교에서 학생자치회와 관련된 여러 가지 노력들은 앞서 이야기한 콜버그의 정의공동체에서 강조하는 것들과 상당히 관계가 깊다. 가상적 딜레마가 아닌 학생들의 실제 삶을 다룬다는 것, 생활 속에서 민주주의를 실제로 행하도록 하는 것, 학교 정책에 학생들의 의견을 적극 반영하는 것, 공적인 투표나 의사결정 과정을 통해 학생들 스스로 규율을 만들고 책임감을 공유하는 것 등 실제의 삶 속에서 민주적인 학교문화를 바탕으로 학생들이 주체적인 삶을 만들어가도록 하고 있는 것이다.

더불어 사는 삶, 사회정의교육

학교가 정의공동체로 나아가기 위해서는 학교 구성원 모두가 좋은 삶을 살아가도록 도와야 한다. 이는 개인의 행복 차원을 넘어 공동체 안 구성원 모두의 행복을 추구해야 한다는 뜻이다. 샌델은 이를 위해 좋은 삶에 관한 지극히 사적인 견해를 배격하고, 시민의 미덕을 키워야 한다고 했다[샌델, 2010]. 우리는 다양성을 인정할 때 타인에 대한 존중과 배려가 가능하다는 것을 안다. 다양한 가정적, 경제적 배경을 가진 학생들이 동일한 공간에 모여 생활한다는 사실을 인정하는 것부터 출발해야 하는 것이다. 그리고 이러한 다양성은 학교생활 내내 존중되고 지켜져야 한다김은종, 2012.

과연 그동안의 학교는 이러한 교육목적을 이루기 위한 공간이었는가? 여기서는 '학생들이 시민의식을 바탕으로 더불어 사는 삶'과 관련한 기존학교의 활동체계와 모순 그리고 혁신학교에서의 변화에 대해 알아보고자 한다.

2009 개정교육과정의 총론에서는 우리 교육의 목표를 다음과 같이 서술하고 있다.

> 우리나라의 교육은 홍익인간의 이념 아래 모든 국민으로 하여금 인격을 도야하고, 자주적 생활 능력과 민주시민으로서 필요한 자질을 갖추게 하여 인간다운 삶을 영위하게 하고 민주국가의 발전과 인류 공영의 이상을 실현하는 데 이바지하게 함을 목적으로 하고 있다.

그리고 이어 이러한 이념을 바탕으로 교육과정이 추구하는 인간상을 아래와 같이 설명하고 있다.

가. 전인적 성장의 기반 위에 개성의 발달과 진로를 개척하는 사람

나. 기초 능력의 바탕 위에 새로운 발상과 도전으로 창의성

을 발휘하는 사람

　다. 문화적 소양과 다원적 가치에 대한 이해를 바탕으로 품
　　격 있는 삶을 영위하는 사람

　라. 세계와 소통하는 시민으로서 배려와 나눔의 정신으로
　　공동체 발전에 참여하는 사람

　이것만 보더라도 우리 학교교육이 추구하는 것 가운데 '시민의
식 함양'과 '더불어 사는 삶'은 매우 중요하다. 혁신학교이건 혁신
학교가 아니건 학교는 학생들이 시민의식을 바탕으로 더불어 살
수 있는 능력을 기르는 것을 중요한 목적으로 삼고 있다.

　그래서 도덕교과나 사회교과를 비롯한 여러 교과에서 규범, 질
서, 민주주의, 책임, 권리 등을 다루고 있고, 학생자치회, 동아리활
동, 기타 청소년 단체활동이나 봉사활동 등을 통해 친구들과 더불
어 활동하는 것을 강조해왔다. 그런데 여기서는 정의공동체의 관점
에서 '시민의식 함양'과 '더불어 사는 삶'을 '사회정의교육'을 매개
로한 활동체계로 살펴보고자 한다.

　여기서 '사회정의교육'이란 우리의 삶에 존재하는 부정의, 차별,
불평등 문제 등 사회적 억압에 맞서고 사회정의 실현과 관련된 교
육, 사회 비판의식을 바탕으로 사회적 실천과 참여를 지향하는 교
육, 정의로운 사회에 대한 윤리적인 사고와 그에 따른 실천이 있는
교육을 말한다[Heather & Hackman. 2005].

　혁신학교가 등장하기 이전, 기존학교에서 '사회정의수업'이라는

매개를 중심으로 한 활동체계는 어떠했을까?

기존학교의 활동체계

기존학교에서 학생들의 시민의식을 함양하고 더불어 사는 삶을 위한 매개로 주로 이야기되는 것은 학생자치회, 동아리활동, 청소년 단체활동이나 봉사활동 등이다. 그런데 이러한 것들은 사실 학교 안에서 여러 가지 제한된 조건 속에서 이루어졌다. 전통적 학교체제는 학생들의 순종과 사회적인 순응이라는 문화가 깊게 깔려 있고, 교사 또한 정치적 중립자로 큰 압력을 받았기 때문이다. 따라서 '학생들의 시민의식 함양과 더불어 사는 삶'이란 사실 어느 정도 제한된 수준일 수밖에 없고 이를 위한 교육활동 또한 불편하지 않은 선에서 이루어졌다.

그런데도 '사회정의수업'은 계속 존재했다. 인권이나 성차별 문제, 급속한 경제발전에 따른 부작용 문제 등 교과 내용으로서 말이다. 또한 5·18 광주민주화운동이나 4·16 세월호 참사, 독도 문제와 같이 교육청의 지침이나 유관 기관의 협조공문을 통해서 계기수업의 형태로 이루어졌다.

사회정의교육이 교과 내용이나 인정된 계기교육 형태로 제한적으로 운영될 수밖에 없는 것은, 우리 사회가 교사와 학생을 바라보는 관점과 관계가 깊다. 우리 사회는 교사의 정치적 중립을 강조하고 학생들도 학교 밖 정치적 활동에 참여하는 것을 부정적으로 여긴다. 특히 봉사하고 협조하는 차원이 아니라 문제를 제기하고 비판하는 영역에서는 교사나 학생 모두 자유롭지 못하다. 이렇게 암묵적으로 강요되는 규범 아래 교사나 학생들은 사회의 억압, 부정의, 차별 등의 사회 문제 앞에서 침묵하거나 순응하는 집단이 될 수밖에 없었다.

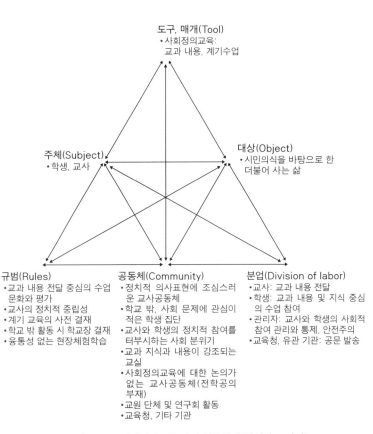

[그림 4-2] 사회정의교육 관련 활동체계(혁신학교 이전)

사회과 교육의 목표를 보면 지식적인 면에서 '현대사회의 성격이나 문제를 파악'하는 것, 기능적인 면에서 '사회참여 능력' 및 '합리적 문제해결 능력', 태도적인 면에서 '당면한 사회문제에 대한 관심'과 '민주국가 발전과 세계 발전에 적극적으로 이바지하려는 태도'를 설정하고 있다. 하지만 실상은 실천보다는 교과 내용 중심, 지식 위주로 이루어지고 있어 사회정의수업이 제대로 이루어질 수 없었다. 여기에 일제식평가, 지필평가가 중요하게 작용하다 보니 사회정의교육이 한계에 부딪힐 수밖에 없었다.

뿐만 아니라 학교장 결재도 사회정의교육을 제한하는데 한몫하고 있다. 교과에서 공부한 내용을 학교 밖 지역 또는 사회와 연계하여 실천하고자 해도 학교장의 결재를 득해야 하기 때문에 이 과정에서 많은 갈등과 제한이 있었다. 교통문제, 안전문제, 이념문제 등을 이유로 관리자들의 반대도 많았다. 또한 교육부, 교육청에서 권장하는 계기교육이 아닌 경우에는 사전에 수업 내용을 학교장에게 결재를 득해야 하는 규정도 있다. 사정이 이러니 사회정의수업은 때로는 교사의 굳은 신념이나 의지가 있어야만 실천 가능한 것이었다. 이러한 현실 속에서 교사들은 큰 갈등이나 어려움을 무릅쓰고 사회정의교육을 실천하기도 했고, 내용과 방법을 지원하는 교원 단체나 학교 밖 연구회와 함께하는 경우도 있었다.

경직된 사회 분위기, 학교문화, 제도 등의 영향으로 사회정의교육은 위축될 수밖에 없었다. 여기에 순응하는 교사들은 교과 내용을 가르치는 수준으로, 소극적으로 실천하는 교사들은 학교 안과

학교 밖에서 적절하다고 판단되는 정도까지, 적극적으로 실천하는 교사들은 학교 내외의 갈등을 무릅쓰고 사회정의교육을 실천했다. 학생들은 어떤 교사의 지도를 받느냐에 따라 양상이 매우 달랐는데, 교과 내용을 중심으로 지식 위주의 수업에 참여하거나 제한된 학교 안에서의 활동에 참여하거나 학교 밖 지역 단체와 결합하기도 했다.

이와 같이 기존학교의 활동체계에서 사회정의교육은 매우 제한적 여건 속에서 잘 실천되지 못하였는데, 이러한 현상은 다음과 같이 정리될 수 있다.

- **핵심이 빠진 사회정의교육** 사회정의교육은 실천이 핵심이다. 분절된 교과 및 단원 내에서의 수업, 제한된 계기수업으로 학생들의 시민의식을 기를 수 있는지 의문이다.

- **실천 없는 역할** 교사와 학생은 교과 중심으로 수업을 해나가며, 관리자는 지원이 아닌 관리와 통제의 역할을 한다.

- **지지기반 없는 교육** 학교 안에는 사회정의교육을 위한 공동체가 존재하지 않는다. 간혹 의지가 있는 교사가 있더라도 개인적인 노력과 외부의 지원으로 간간히 실천한다. 그로 인해 학교 안에서 지속적인 운영이 어렵다.

- **소극적 문화** 사회과의 기능적 목표인 사회참여 능력, 가치 태도 목표인 당면한 사회 문제에 대한 관심, 즉 시민의식 함양, 더불어 사는 삶을 지향하는 궁극적 목표는 학교 현장의 암묵적, 소극적 문화 속에서 실질적으로 구현되기 어렵다.

혁신학교의 활동체계

혁신학교에서 추구하는 수업은 삶과 연결되는 수업이다. 그래서 분절적인 교과수업의 한계를 넘어 교과통합적이고 맥락이 있는 수업을 추구한다. 그 결과 지역과 학교, 학생, 계절 등 학생들의 삶을 중심에 두고 교육과정을 재구성한다. 평가에 있어서도 그렇다. 혁신학교에서는 일제식평가나 지필평가가 아닌 수행평가를 강조하고 교사별평가, 상시평가를 실시하여 평가에 있어서도 사회정의교육과 대체로 호응한다. 혁신학교가 지향하는 지역과의 연계, 마을공동체와 함께하는 교육활동 또한 사회정의교육을 뒷받침하기에 좋다.

그렇다면 혁신학교에서는 사회정의교육을 어떻게 실천하고 있으며, 그것을 중심으로 한 활동체계는 어떻게 변화하고 있을까? 기존학교에서 나타난 사회정의교육 관련 모순들을 해소하고 실천하는 혁신학교의 사례들을 활동체계를 통해 살펴보자.

혁신학교에서 사회정의수업은 개별교과나 단원, 계기수업의 정도를 뛰어넘는다. 주로 이러한 수업은 교육과정 재구성을 통해 하

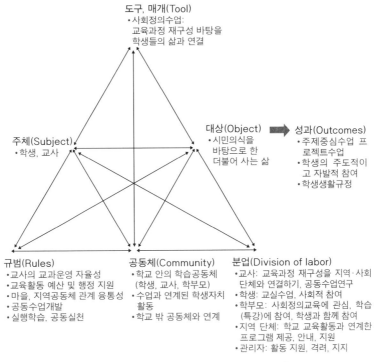

도구, 매개(Tool)
• 사회정의수업:
교육과정 재구성 바탕을
학생들의 삶과 연결

대상(Object)
• 시민의식을
바탕으로 한
더불어 사는 삶

성과(Outcomes)
• 주제중심수업 프
로젝트수업
• 학생의 주도적이
고 자발적 참여
• 학생생활규정

주체(Subject)
• 학생, 교사

규범(Rules)
• 교사의 교과운영 자율성
• 교육활동 예산 및 행정 지원
• 마을, 지역공동체 관계 융통성
• 공동수업개발
• 실행학습, 공동실천

공동체(Community)
• 학교 안의 학습공동체
(학생, 교사, 학부모)
• 수업과 연계된 학생자치
활동
• 학교 밖 공동체와 연계

분업(Division of labor)
• 교사: 교육과정 재구성을 지역·사회
단체와 연결하기, 공동수업연구
• 학생: 교실수업, 사회적 참여
• 학부모: 사회정의교육에 관심, 학습
(특강)에 참여, 학생과 함께 참여
• 지역 단체: 학교 교육활동과 연계한
프로그램 제공, 안내, 지원
• 관리자: 활동 지원, 격려, 지지

[그림 4-3] 사회정의교육 관련 활동체계(혁신학교)

고 프로젝트수업, 주제중심수업의 맥락 안에 있다. 혁신학교인 A초
등학교 6학년의 경우 '아! 민주주의'라는 주제로 주제중심수업을
구성하였다. 교과 이외에 함께 읽을 책도 선정하여 사회, 도덕, 국
어, 미술 등의 교과를 통합하였다. 민주주의의 내용뿐 아니라 학
생자치회 대표 선거유세를 듣고 후보의 주장 파악하기, 학급 규칙
만들기를 통해 학급문화 바꾸기, 학급의 왕따 문제, 상벌점 문제
토의하기, 이를 바탕으로 인권과 평화의 약속 만들기 등이 주요 내

용이다. 학생들은 단순히 교과에서 배운 지식을 학습하는 것이 아니라 일련의 주제중심수업 과정에서 실제 삶을 바꾸는 경험을 하였다.

혁신학교에서 사회정의수업의 특징은 수업이 단지 수업으로만 끝나는 것이 아니라는 것이다. 수업의 결과가 학생들의 삶과 직접적으로 연결된다. 혁신학교인 B중학교는 토의, 토론 관련 단원을 재구성하여 학생생활규정을 어떻게 바꿀지 학생들이 제안하도록 했다. 이러한 수업의 결과를 토대로 학생회에서는 TF팀을 구성하여 안을 만들고 학교 전체 공청회를 열어 발표하고 다양한 의견을 수렴한 뒤 최종적으로 이견을 조율하여 생활규정을 만들었다.

교사가 교육과정을 재구성할 수 있다는 것은 기존학교보다 교육과정 운영에 있어 자율권이 많이 주어졌다는 뜻이다. 교육과정 재구성이 활발할 수 있는 것은 평가 역시 일제고사나 지필평가 위주가 아니라 수행평가, 상시평가로 변화했기 때문이기도 하다. 또한 교사가 이렇게 재구성한 교육과정을 운영할 수 있도록 학교에서는 행정적 지원과 예산 지원을 하고 있다.

이러한 변화는 사회정의교육을 가능하게 하는 혁신학교의 새로운 규범 창출이라는 매개를 통해 가능하다. 혁신학교인 C중학교의 경우, '새로운 세상을 향한 발걸음'이라는 교과통합 프로젝트수업을 실시했다. 역사, 창의적 체험활동, 사회, 음악, 국어, 영어, 미술 교과가 통합된 주제중심수업이다. 각 교과의 교사들은 하나의 주제로 이루어진 교육활동을 구성하기 위해 협력할 수밖에 없다. 자연스럽게 교사들의 학습공동체가 형성된다.

이 수업의 내용 중에는 5·18 민주화운동의 배경이 되는 광주 및 전남 일대 답사, 위안부 할머니들의 수요 집회 방문, 여성인권 박물관 답사 등을 계획했다. 학교 밖 활동, 사회적 참여를 관리자가 제한하거나 행정적으로 지원하지 않는다면 불가능한 일이다. 이러한 사회적 참여는 교실이라는 제한된 공간에서 갖게 되는 학생들의 공동체의 속성에도 변화를 가져온다. 그것은 교과 내용의 학습 경험을 넘어 사회적 문제를 중심으로 다른 공동체와 연대하는 공동체로서 성격을 갖게 한다.

나 혼자 참여하는 것은 크게 도움이 되지 않는다고 생각하여 서명운동, 시위 등에 참여하지 않았는데 이제는 한 사람의 참여가 여러 명의 참여를 유도하고 작은 도움이 모여 큰 도움을 만들 수 있다고 생각하게 되었다. 이 경험 이후에는 우리의 참여가 할머니들에게는 큰 희망이자 위로가 되고, 이렇게 집회를 열고 세상에 알리는 것이 언젠가 세상을 바꾸는 계기가 될 것이라고 생각하게 되었다.

_C중학교 수요 집회 참여 학생의 글 중에서

이 프로젝트수업에서는 수행평가를 통해 학생들이 또 다른 사회적 참여를 유도하였다. 학생들 스스로 모둠을 구성하고 다른 사회적 참여를 실천하도록 한 후 보고서를 제출하게 한 것이다. 이

과정을 통해 작은 단위의 공동의 경험을 가진 연대의 공동체를 생산해냈다.

사회정의 내용이 중심이 되는 수업에 학생회, 학부모회의 참여를 유도하는 경우도 있다. 교사공동체와 학생공동체, 학부모공동체가 수업을 중심으로 확장된 삶의 고민을 나누는 것이다. 그 예로, D고등학교는 수업을 중심으로 특강을 열고 학생, 교사, 학부모가 함께 특강에 참여하며 토론하는 자리를 갖는다.

이렇듯 사회정의교육을 가능하게 하는 규범들은 새로운 분업구조를 만들어냄으로써 교사, 학생공동체 자체를 변화시키기도 한다. 또한 학교 밖 공동체와의 만남을 통해 학교 안의 공동체를 확장시키거나 연대하도록 한다. 위에서 예로 든 C중학교의 경우, 각 교과의 교사들은 교과별로 주제에 대한 수업을 준비한다. 하나의 주제에 대해 맥락을 같이하는 다양한 활동과 내용을 구성한다. 학생들은 수업에 참여하는 것뿐 아니라 사회적 참여를 위한 피켓을 만들거나 자유발언을 위한 글을 작성한다. 이 밖에도 엽서 쓰기, UCC 만들기, 노래나 플래시몹 공연하기 등 다양한 활동을 한다. 학교장도 지시와 관리, 통제의 역할보다는 행정적인 지원이나 격려를 보내는 모습을 보인다. 또한 교사도 학생들과 함께 사회적 참여를 하면서 함께 배우고 연대하는 동등한 참여자가 된다.

혁신학교에서 다양하게 시도하고 있는 사회정의교육은 우리의 교실과 학교에서 정의로운 사회에 관한 의미를 함께 고민하게 한다. 뿐만 아니라 사회적 참여를 통해 학부모와 지역사회까지 정의로운 사회에 대해 확장된 논의를 할 수 있게 한다. 샌델이 말하는 '좋은 삶'에 대한 끊임없는 공동체의 모색과 실천이 바로 사회정의 교육일 것이다.

사회정의교육을 통해 학생들이 자신들의 삶에서 공동의 문제들을 직접 해결해보는 경험은 '가상적 딜레마'가 아닌 '실제 삶'에서의 실천이다. 그 과정에서 학생들은 살아있는 시민의식을 만나고 더욱 신장시킬 것이며 '더불어 사는 좋은 삶'으로 귀결될 것이라고 본다.

하지만 아직 우리 교육의 현실은 사회정의교육을 실천하기에 많은 한계가 있다. 가장 큰 걸림돌은 교사들의 자율성이 충분히 부여되지 않고 있다는 것이다. 사회정의교육에서 교사는 사회정의 교육을 안내하는 중요한 주체이다. 그런데 우리 사회는 교사는 정치적 중립을 지켜야 한다며 압박을 가하고 있다. 이는 교사가 사회의 불편한 진실에 대해 이야기하는 것 자체를 가로막는 것으로, 사회정의교육이 제대로 이루어질 수 없게 한다. 사회정의교육은 성격상 억압, 부정의, 차별, 소수자의 인권, 평등, 분배 등의 내용이 주를 이룬다. 당연히 정치적이지 않을 수 없고, 그러다 보면 정부에 대해 비판적인 입장을 취해야 하는 경우도 있다.

과거에 국민 동의 없는 미국산 쇠고기 수입에 반대하는 촛불집회나 박근혜 대통령을 탄핵시킨 촛불집회가 있었을 때 학생들이 집회에 참석하는 것을 막기 위해 교육청에서 공문을 내려보내거나 학교 단위에서 교사들이 학생들을 감시, 지도하도록 했다. 이것은 사회정의교육에 대한 우리 사회의 관점을 단적으로 보여주는 예라 하겠다.

사회정의교육은 실천이 매우 중요하다. 하지만 학교에서 사회적 참여를 실천하는 것은 쉽지 않다. 학교장의 결재(허가), 출장의 문제, 학생들의 이동문제, 안전문제 등도 여전히 까다롭다. 앞서 사례로 제시한 C중학교의 경우는 흔한 사례는 아니다. 그만큼 학교장의 역할이나 학교구성원의 합의가 중요하다.

최근 학교 안 전문적 학습공동체가 활성화되면서 주제중심수업이나 프로젝트수업의 사례가 많이 늘었다. 하지만 사회정의교육에 대한 시도는 그렇게 활발하지 않다. 물론 내용적으로 다루는 사례는 많다. 교과서를 벗어나서 다양한 읽기자료, 영상, 토론, 역할극, 현장체험학습 등 방법적으로도 매우 다양해졌다. 하지만 학생들의 삶에서 억압, 부정의, 차별 등의 문제를 발견하고 개선하기 위한 적극적 실천을 이끄는 수업은 부족한 편이다. 이에 교사와 학생, 학부모 공동체에서 사회정의교육에 대한 활발한 논의 연구가 요구된다.

한 명도 소외시키지 않는 학교가 정의로운 학교다

롤스는 정의로운 사회는 최소수혜자들이 사회경제적 조건의 한계, 천부적 재능의 한계, 기타 삶에서 겪게 되는 불운한 한계를 기

회균등의 원칙, 차등의 원칙을 통해 완화시킬 수 있어야 한다^{정태욱,}
²⁰¹⁶고 주장한다. 교육은 정의로운 사회를 가능하게 하는 중요한 사
회제도 중 하나이다. 그런데 과연 우리 교육은 최소수혜자들이 학
교공동체 안에서 동등한 구성원으로서 참여하고, 좋은 삶에 대해
고민하고 준비할 수 있게 하고 있을까?

소외와 부적응

학교는 구성원 모두가 존엄하고 행복한 삶을 살아가는 곳이어
야 하며, 그런 삶을 살기 위해 필요한 역량을 키울 수 있는 곳이
어야 한다. 개개인의 존엄하고 행복한 삶은 결국 교육의 주체인 학
생이 나는 누구인지, 나는 무엇을 할 때 행복한지를 고민하는 데
서 시작된다. 학생이 처한 사회적, 경제적 환경에 상관없이 공교육
안에서는 누구나 학교 교육과정을 통해 자신의 삶에 대해 고민하
고, 행복한 삶을 살아가는데 필요한 유의미한 경험을 할 수 있어
야 한다.

하지만 기존의 학교는 지식을 암기하고, 입시를 위해 학생들을
성적으로 서열화하는 곳이었다. 개개인의 다양한 좋은 삶에 대한
고민 없이 입시라는 한 가지 목표를 위해 학교교육이 움직였다. 학
생들의 삶과 무관한 교과서 중심의 지식전달 위주의 수업들로 채
워졌던 것이다. 흥미와 적성, 관심 분야가 다양한 학생들은 획일화
된 학교교육에 어려움을 겪고 있다.

교사들은 이러한 위기학생들이 늘어나고 있다는 것을 느낀다.

경기도 교육청에서는 '가정·정신건강·학교부적응 등의 문제로 학업 중단의 위험에 처해 있거나, 정상적인 학교생활을 어렵게 하는 위험 요인을 가지고 있는 학생'을 '위기학생'이라고 정의한다 2017 학생 위기지원 가이드북. 사람은 누구나 사는 동안에 위기상황에 처하게 된다. 어쩌면 좋은 삶은 위기를 극복하는 과정을 통해 가능할지도 모른다. 아직 성장 단계에 있는 학생에게는 이럴 때 곁에서 힘이 되어주고, 격려해줄 수 있는 어른이 필요하다.

모든 학생이 그렇지만 위기학생들도 학교생활 중에 가장 많이 접하는 것이 수업이다. 기존의 수업은 교사들이 많은 양의 지식을 전달하고, 학생들은 이를 암기해서 높은 성적을 거두는 것을 목표로 했다. 이런 학교문화에서 수업을 힘들어하는 학생들은 고려 대상이 아니었다. 오히려 수업에 참여하지 않거나 방해하는 행위를 지적하고 개선되지 않을 경우 학교 규칙대로 처벌할 뿐이었다. 수업과 학교생활에서 의미를 찾지 못한 학생들은 학교규칙에 어긋나는 행동들을 하면서 자신의 존재감을 찾는 경향을 보였다.

또한 기존의 학교는 문제의 원인을 학생 개인에게 돌렸다. 하지만 그런 학생들을 들여다보면 가정환경에 문제가 있음을 알 수 있다. 불우한 가정환경으로 인해 학습과 감정의 결손이 장기화되고 학교생활 부적응으로 이어지게 되는 것이다. 그런데 학교는 이런 학생들의 원인에 관심을 갖기보다는 잘못된 행동에 대한 선도처분을 통해 당장의 문제를 해결하기에 급급했고, 학생들의 배움으로부터의 도주는 더 심해졌다. 교육기회의 손실은 시간이 흐르면서 누적되고, 교육격차는 더 벌어졌으며 결국 사회적 불평등을 심화시키는 원인이 되었다.

소외계층이 많이 거주하는 지역의 학교들에서는 학생들의 생활지도 과정에서 학생과 학생, 학생과 교사, 학부모와 교사 사이의 갈등이 빈번하게 일어난다. 상황이 이러니 교사들은 힘든 학급이나 학년의 학년부장과 담임, 학생 생활지도 담당부장을 기피한다. 또한 위기학생이 집중되어 있는 지역의 학교는 선호하지 않게 된다. 기존 학교체제에서는 학교생활에 적응하지 못하는 학생이 있으면 담임교사가 많은 걸 감당해야 했다. 위기학생은 교사의 지속적인 관심과 인내가 필요하다. 그만큼 교사의 감정노동이 심할 수밖에 없다. 개별 교사의 노력과 희생에만 의존하는 이런 분위기에서는 위기학생이 많은 학교와 학급, 학년을 교사들이 기피하는 것은 어쩌면 당연한 결과인지 모른다.

학교에서 교사들이 가장 꺼리는 업무 중 하나가 학생 선도와 학교폭력 담당이다. 특히 위기학생이 몰려 있는 학교의 학생생활부서 담당교사들은 많은 업무와 정신적인 스트레스로 힘들어 한다. 근본적인 원인을 찾아 학생의 내면을 치료하고, 결손을 해결하기보다는 발생한 문제 상황을 절차대로 처벌하는 것에만 초점을 맞추게 되고, 그럴수록 학생선도와 학교폭력 사안은 더 심각해지고 많아질 수밖에 없다.

기존의 상담교사 중심의 대안교실은 위기학생들 여러 명을 모아놓고 진행하여 프로그램의 질도 낮고 효과도 보지 못했다. 위탁형 대안학교들은 학생들의 생활 근거지에서 멀고, 해당 학생과 학부모의 동의를 얻어야 해서 입학하기도 쉽지 않다. 위탁형 대안학교의 교육과정이 장기적인 관점에서 학생들을 지원하고 도움을 주지 못하는 것도 문제이다.

위기학생 지원 프로그램

혁신학교는 한 명의 아이도 소외되지 않는 교육을 지향한다. 최근 들어 혁신학교뿐 아니라 일반학교에서도 수업혁신을 통해 많은 학생들에게 배울 수 있는 권리를 부여함으로써 공교육의 책임을 다하기 위해 노력하고 있다. 하지만 이런 노력에도 불구하고 소수의 학생들은 다양한 이유로 여전히 배움을 거부한다. 이 아이들의 환경을 들여다보면 대부분 사회적으로 취약계층인 경우가 많다.

한 예로, 경기도 혁신학교인 A중학교는 취약계층에 속한 위기학생들이 많은 지역에 위치해 있다. 이 학교는 혁신학교를 추진하는 과정에서 위기학생들을 위한 지원을 다양한 측면에서 접근했다. 위기학생 지원 프로그램은 해당 학생이 학교 교육과정과 수업에서의 배움을 통해 자신의 내면을 들여다보고, 삶의 주인으로 살아갈 수 있는 역량을 키우는 데 목적이 있다. 이를 위해 먼저 학년 중심 업무체계를 통해 담임교사가 수업과 학생 생활지도에만 집중할 수 있도록 했다. 학생들을 가장 가까이에서 만나는 담임교사가 수업과 업무를 병행하면서 학생들의 문제상황에 대해 신중하게 대처하기는 쉽지 않기 때문이다.

필요한 경우 학년부장, 학년 담임교사, 학년교과 담당교사들이 수시로 모여 수업과 학생 생활지도에 대해 의논하고 협력한다. 그러면서 교사들 스스로가 위기학생에 대한 이해와 지도 방법에 대한 필요성을 느끼게 되었고, 전문적 학습공동체 활동을 통해 관련 분야의 전문가 강의를 듣거나 책을 함께 읽고 공유하고 있다. 공부한 내용은 무기력하고, 배움으로부터 멀어진 위기학생들의 참여를 이끌어내는 수업 속 실천으로 이어진다.

또한 교사들은 자연스럽게 서열화와 변별을 위한 평가보다는 학생들의 성장을 지원하는 평가를 실시하려고 노력한다. 성장중심 평가는 학생 서열화를 위한 변별적 기능을 지양하고 학생의 배움을 촉진하여 참된 학력과 핵심역량을 키워나갈 수 있도록 돕는다. A중학교는 3년째 수행평가 비율을, 전 교과가 60% 이상 실시하고 있으며 지필평가는 학기별 1회만 보고 있다. 평가에 대한 보완이 계속해서 되어야겠지만, 평가 자체가 목적이 아니라 수업 속에서의 배움을 촉진하는 평가의 본래 역할을 찾아가고 있다. 결과보다는 과정을 중요하게 바라보는 성장중심 평가는 그동안 학교에서 소외되었던 학생(배움이 느리거나, 사회경제적으로 불리한 처지에 있는)들이 의미 있는 배움의 경험을 할 수 있는 기회가 되고 있다.

이런 노력에도 여전히 학교생활에 적응하지 못하는 위기학생은, 위기학생 지원 TF팀(담임교사, 학년부장, 상담교사, 학생생활부장, 교과 담당교사, 교감 등)을 구성해서 학교 단위의 지원 프로그램을 운영한다. 해당 학생과 학부모를 대상으로 지속적인 상담과 치료를 진행하고 필요한 경우에는 학생의 특성을 고려한 프로그램(체육, 미술, 음악, 목공활등 등)을 기획해 자존감을 키울 수 있는 기회를 제공한다. 혁신학교에서는 처벌 위주의 생활지도에서 학생들의 내면을 먼저 들여다보고, 원인을 찾아 이 학생들에게 필요한 도움을 지원하는 학교문화로 바꾸고 있는 것이다.

A중학교의 사례처럼 학교 단위의 위기학생 지원 프로그램은 참여하는 아이들을 세심히 돌볼 수 있도록, 예술체육활동, 상담치료, 진로활동을 소규모로 운영하고, 학생의 특성을 고려한 프로그램을 장기적으로 운영하는 게 바람직하다. 예산이 문제일 수 있으나 위탁형 대안학교에 들어가는 예산이나 이후에 발생할 사회문제를 고려한다면 일반학교 안에서 학생의 특성을 고려한 프로그램 운영이 더 효율적이다.

장기적인 관점에서 특색 있는 교육과정(사회적으로 중요시되는 교과 중심의 교육과정이 아닌 문화, 예술, 교양, 임파워먼트 중심의 교육과정)으로 운영되는 다양한 학교가 도심 지역에 많이 설립되어야 한다. 기존의 위탁형 대안학교가 접근성이 떨어지는 지역에 있다 보니 위기학생들이 가정과 사회로부터 격리된다는 부정적인 이미지가 강했다. 따라서 도심에 위치하게 되면 위기학생 지원에 관심 있는 교사들의 접근성이 높아져 내실 있는 교육과정을 운영하기가 용이해질 것이다. 해당 학교의 학급당 인원수 감축과 경제적 취약계층의 경우 학비 전액 지원도 필요하다. 기존의 예술중학교와 예술고등학교 등은 경제적으로 여유가 있고, 학부모의 관심이 어느 정도 있는 가정의 학생들만 입학이 가능했기 때문이다.

　또한 현재 경기도에서 추진하고 있는 마을교육공동체사업을 비롯한 지역과 연계된 프로그램들이 지역적으로 낙후된 지역을 우선적으로 선정하여 운영되어야 한다. 마을공동체사업이 활발하고 청소년 문화센터가 설립된 곳은 대부분 교육 여건이 좋은 지역이 많다. 그리고 일반 학생들이 흥미를 가질만한 프로그램들로 진행된다. 위기학생들의 대부분은 하교 후에 PC방, 노래방에 가거나 집단으로 몰려다니며 흡연이나 음주 등의 일탈 행동을 하는 경우가 많다. 이에 학교와 연계해 위기학생들의 에너지를 문화, 예술 등 보다 긍정적인 에너지로 발산할 수 있는 프로그램을 운영해 나가야 한다.

성찰

혁신학교는 학교교육이 추구해야 할 공동선의 가치를 학교문화와 생활 전반에 확장시키고자 하였다. 그렇지만 여전히 가야할 길이 멀고, 많은 성찰의 과제를 안고 있다.

먼저, 혁신학교의 성과와 한계를 동시에 인식할 필요가 있다. 혁신학교는 교사의 자발성과 교육에 대한 책임을 바탕으로 우리나라 공교육의 변화와 혁신의 새로운 흐름을 만들어오는데 기여한 바가 크다. 하지만 정책의 경직성과 형식화의 틀을 벗어나서 자율적이고 역동적인 변화의 힘을 만들기보다는 형식에 치우친 측면도 없지 않다.

혁신학교 정책이 지속되면서 교육활동이 기능적, 형식적, 관행적으로 이루어지는 경향성이 나타났다. 혁신학교의 수가 늘어나면서, 학교구성원을 주인으로 세우는 노력은 답보 상태였으며, 교육과정은 분절화, 파편화되어 사업중심, 업무중심 관행을 답습하였다. 이것의 원인으로 많은 학교에서 혁신학교의 가치와 철학, 비전이 실행과정 속에 스며들지 못하고 구호나 키워드만 생산해냈다는 점을 들 수 있다. 초기 혁신학교 운동이 모델학교에서 시작해서, 양적인 부분만 추구함으로써 도도한 학교혁신의 흐름을 만들어내지 못했다는 비판도 있다.

이러한 비판은 혁신학교가 과연 정의공동체인가에 대한 질문과 관련된다. 한 명의 아이도 포기하지 않는 교육, 평등한 교육을 지향하는 혁신학교가 과연 그 지향하는 바에 맞게 운영되고, 변화와 혁신을 지속해왔는가에 대한 성찰 과제가 남아 있다. 다양한 체험학습, 프로젝트, 토론수업은 활발히 운영하였지만, 그 과정에서 소외와 불평등의 문제를 어떻게 개선해왔는가에 대한 성찰은 빠져 있다. 학교교육에서 정의와 민주주의는 일상의 경험에 대한 축적이다. 교육은 결코 기계적으로 중립적이지 않다. 교사는 편파적이지 않으면서 동시에 아이들이 스스로 판단하고 결정하도록 근거와 정보를 충분히 제공해줄 수 있는 전문성이 있어야 한다.

이제 학교는 정의공동체로서 사회와 결코 유리될 수 없다는 관점으로 민주적 운영체제를 좀 더 확장해야 한다. 학교를 정의공동체로 보는 관점은 총체적인 학교의 변화와 혁신을 추구하는 핵심적인 기반이 되는 철학이자 관점이다.

| 5장 |

전문가공동체로서의 학교

차승희, 김창호, 윤은숙, 이윤정

왜 전문가공동체인가?

어떤 분야를 연구하거나 그 일에 종사하여 그 분야에 상당한 지식과 경험을 가진 사람을 '전문가'라고 부른다. 교사는 지식과 기술 따위를 가르치며 인격을 길러주는 '교육'의 전문가이다. 시대의 변화와 그에 따른 교육 패러다임의 전환기마다 교사는 변화의 주체가 되기도, 그 대상이 되기도 했다. 최근 급변하는 교육 생태계의 변화 속에 나타나고 있는 학교교육 개혁, 학교의 재구조화, 교육 패러다임의 변화 등은 교사 전문성의 의미와 가치, 그리고 전문성 신장을 위한 방법 등에 대해 교사 스스로, 그리고 함께 깊이 고민하는 계기를 마련해주었다.

2000년대 초반 교사들의 자생적인 운동으로 시작된 혁신학교는 새로운 사회 변화와 교육환경 변화에 발맞춘 학교교육을 실현하기 위해서 개인주의, 교과주의, 보수주의 더 나아가 폐쇄주의가 지배적인 학교환경을 변화시키고자 했다. 이를 위한 첫걸음으로 교사 개인 역량에 의존했던 학교 교육활동을 교사들이 함께 연구하고 실행하는 학습공동체를 형성하여 '실천하는 학교문화'로 바꾸고자 노력했다. 교사 개개인이 가지고 있는 능력과 경험을 서로가 존중하고 이해하기 시작하면서 개인주의적인 교사문화는 개방적으로 변화하는 움직임을 보였다. 개인적인 수업연구가 주를 이루던 학교에서 수업에 대해 함께 고민하고 연구하며 집단 지성에 의한 수업안을 작성하여 수업을 운영하였고, 수업 후에 상호 피드백을 통해 공동성장을 위해 노력하는 모습도 나타났다. 이는 교사 전문성의 의미와 가치가 변화하기 시작하면서, 학습조직으로서의 교사공동체의 모습을 실현하는 전문가공동체의 초기 형태라고 할 수 있다.

전문가공동체에서 '전문가'는 기존의 교사 전문성과는 다른 의미이다. 그리고 '공동체'는 전문성을 향상하는 방법론의 변화를 함의하고 있다. 전문가공동체에서 교사 전문성은 수업에 국한된 개념이 아니라 수업 전문성을 포함한 광의의 개념이다. 이는 전통적 관점에서 학생의 학습증진 및 교실상황 개선을 목표로 했던 협의의 전문성이 아닌 학생의 성장과 발전을 포함하여 학교의 공동체 문화를 이끌어가고 발전시키는 주체적인 역할을 하는 교사, 학교혁신을 위해 공동체 속에서 노력하는 교사를 말한다. 이는 교사 개인의 역량 발휘가 아니라 공동체인 교사 집단의 전문성을 말한다[서경혜, 2015].

또한 주체가 교사이고 논의의 대상 또한 교사임을 감안하면 학생 중심의 학습공동체와는 의미가 다르다. 이러한 전문가공동체의 구체적인 가치와 의미는 경기도 교육청에서 진행하는 전문적 학습공동체 정책이 잘 구현하고 있다. 혁신학교에서는 교사 개인의 역량뿐 아니라 교사 집단의 역량강화를 위해 다양한 전략을 사용하고 있다. 전문적 학습공동체의 날 운영, 공동연구와 공동실천, 컨퍼런스 운영 등 교사들이 함께 모여 연구할 수 있는 문화를 형성하여 교사공동체 집단의 역량을 강화하기 위해 노력하고 있다.

하지만 여전히 교사들의 집단 역량을 저해하는 근본적인 모순들이 존재하고 있다. 교사들의 전문성에 대한 이해 부족과 전문성 신장 방안의 진부함, 그리고 교사들의 공동체성 부족이 그것이다. 이 장에서는 활동이론을 통해 기존학교 체제를 분석하여 모순을 찾아내고, 현재 변화 중인 활동체계를 분석하여, 전문가공동체에 대해 심도 있게 논의하고자 한다. 이는 전문성에 대한 개념을 재정립하고, 전문성 신장 방안에 있어서의 변화와 여기에 존재하는 모순을 발견하여 해결 방향을 모색하며, 공동체에 대한 이해를 통한 교사들의 공동체성 향상 등을 논의하고 성찰하는 매우 의미 있는 작업이 될 것이다.

이를 위해 첫째, 교사 전문성의 의미는 무엇이며 이는 학교혁신과 함께 어떻게 변화되어 왔는가? 둘째, 기존의 교사 전문성 신장 방안의 문제점과 모순은 무엇이며, 혁신학교에서 나타나고 있는 교사의 전문성 신장을 위한 매개는 무엇인가? 셋째, 혁신학교에서의 전문가공동체가 주는 시사점은 무엇이며, 전문가공동체의 한계는 무엇인지에 대해 살펴보고자 한다.

이런 논의는 혁신학교의 시작과 확산의 중심에서 전문가공동체가 어떤 역할을 해왔으며, 변화하는 혁신학교 활동체계에서 교사 개인의 역량뿐만 아니라 공동체의 역량을 신장시키기 위하여 전문가공동체가 어떤 노력을 해야 하는지에 대한 해답을 찾는데도 도움이 될 것이다.

　우리는 학교에서의 전문가공동체의 개념을 '교사가 공동의 가치와 비전을 가지고 학생들의 학습증진, 학교문화의 개선, 그리고 학교혁신을 목표로 함께 연구하고 실천하는 과정 속에서 협력적으로 성장하는 교사 공동체'라 정의하였다.

교사 전문성 개념의 변화

전문가공동체의 개념은 교사 원자화, 과중한 업무, 기존 전문성 프로그램의 비효과성에 대한 대안으로 제시되었다.

교사 전문성에 관한 관점은 시대 변화에 따라 다양하게 제시되었다. 그동안 많은 논의가 있었지만, 전통적인 개념의 전문성은 지식, 기술, 태도의 세 관점으로 설명할 수 있다. 교사 전문성에 대한 기존 관점 중에는 교사가 전문 지식을 잘 전수하는 능력에 중점을 두는 의견이 많았다. 잘 가르치는 기술이나 수업 모형이 중시되기도 하였다. 그러나 많이 아는 것과 잘 가르치는 일은 별개의 문제였다.

한편, 잘 가르친다는 것에 지나치게 집중하면 교사의 전문성을 점수 위주의 사고로 한정하여 교육적 가치를 외면할 수 있다. 또 학업성취도를 높여주는 것이 교사의 전문성이라는 생각에 빠지게 되면 점수 이외의 많은 교육적 성과를 등한시하는 문제를 낳게 된다. 교사의 태도나 인격 또는 인성 중심의 교사 전문성 관점도 중요한 것이기는 하나 교직 전문성의 핵심이라고 볼 수는 없다. 물론 교사가 교직을 사랑하는 태도는 가장 기본이다. 그러나 이것은 교사의 전문성이라기보다는 그저 교사의 바람직한 인성일 뿐이다. 이처럼 전통적인 개념의 전문성은 교사 개인의 지식, 기술, 태도에 초점이 맞춰져 있다. 하지만 미래 사회로의 변화에 대비하고 현재 안고 있는 학교교육의 문제를 해결하기 위해서는 교사의 전문성에 대한 새로운 관점과 접근이 요구된다.

하그리브스Hargreaves는 교사 전문성의 변천 과정을 전문성 이전 시대, 자율적 전문성 시대, 협업적 전문성 시대, 포스트모던 전문성 시대로 구분하였다. 그에 따르면 자율적 전문성 시대에 돌입하면서 교사들의 전문성 학습이 본격적으로 시작되었는데, 이때는 개별적 학습에 머물렀다. 협업적 전문성은 교사들이 원자화된 상태에서 벗어나 협력적으로 전문성을 학습하는 것을 말한다. 하그리브스는 오늘날을 포스트모던 전문성의 시대라고 명명하고, 이 시대에 교사들은 탈전문화의 위기에 봉착했다고 지적하였다. 그는 이러한 위기를 극복하기 위해서는 자율적이고 협업적인 교직 전문성을 위해 노력해야 하며, 학습하는 교사와 실천하는 교사상이 필요하다고 역설하였다.

숀Schön은 하버마스와 같은 비판이론가와 유사하게 전문성을 보았는데, 기술적 합리성이 지나치게 넘쳐나면서 기술적, 방법적 문제가 중심이 되고 실천과 가치의 문제가 소홀하게 취급되고 있으며 이러한 현상은 오히려 교사의 전문성을 위기에 처하게 했다고 보았다. 이에 숀은 교사들이 실천을 통해 비판적으로 탐구하고, 새로운 실천을 만들어내는 과정에서 전문성에 대한 학습이 이루어진다고 했다. 그는 교사들이 성찰과 실천, 그리고 전문성을 동시에 이해하는 것이 중요하다고 강조했다.

교육이라는 범주 하에서 전문가공동체를 정의하는 것은 다소 모호하다. 전문가로서 갖춰야 할 '전문성', 교육을 통해 일어나는 '학습', 함께 성장하는 '공동체'라는 각각의 개념 자체만으로도 개념을 정의하기는 쉽지 않다. 1990년 초반까지 전문가공동체 논의는 '전문적 공동체' 중심으로 이루어졌는데, 최근 전문가공동체의 의미 속에 학습의 개념이 포함되고 있는 것은 중요한 변화라 할 수 있다^{곽영순, 2016: 정바울, 2016}. 이때의 학습은 전문가가 되기 위한 교사공동체의 학습, 그로 인해 증진되는 학생들의 학습 등을 의미한다. 즉 전문가공동체는 "공동의 가치와 비전을 가지고 학생들의 학습 증진과 학교문화 개선 및 학교혁신을 목표로, 공동연구와 공동 실천의 과정 속에서 협력적으로 성장하는 교사공동체"라고 정의할 수 있다.

'개인'에서 '함께'로의 변화

독일 철학자 에른스트 블로흐Ernst Bloch는 다른 시대에 존재하는 사회적 요소들이 같은 시대에 공존하는 현상을 일컬어 '비동시성의 동시성'이라고 했다. 이는 학교현장을 설명할 때 자주 쓰이는 표현인데, 흔히 학교의 '비동시성의 동시성'을 "19세기의 학교문화에서 20세기의 교사가 21세기의 학생을 가르친다."로 표현한다.

이런 상황에서 관료주의, 보수주의, 폐쇄주의적인 학교문화를 바꾸고 개별화, 불간섭주의로 볼 수 있는 교사문화를 변화시켜 학생의 삶과 연관된 역량을 기를 수 있는 교육을 위해 자발적으로 시작된 혁신학교는 경기도를 넘어서 대한민국 교육의 큰 흐름으로 자리잡았다. 하지만 오랫동안 지속되어 온 학교문화와 교사문화를 단기간 내에 바꾸는 것은 쉬운 일이 아니었다. 변화의 대상인 동시에 변화를 실행하는 주체가 되어야 했던 교사들은 그동안의 문제점을 바탕으로 새로운 학교 모습을 만들어가기 위해 노력했다.

학교 혁신 모델로서의 혁신학교가 시작되고, 학교문화 재구조화와 조직문화의 변화를 통한 교사 역량강화의 중요한 기제로서 전문적 학습공동체가 시작되었다. 전문적 학습공동체 시행 전의 학교 교육활동은 교사 개인의 역량(교사 개인의 전문성)에 따른 활동 내용이 큰 비중을 차지했다. 개별화, 불간섭주의로 대표되는 교사문화는 교사의 교육활동에 있어 극명하게 나타났다.

교사들은 자신의 수업을 공개하기 꺼려했고, 상대방의 수업에 대해 이야기하는 것에 소극적이었다. 수업 외에 교사가 행하는 다양한 교육활동에 대한 공유도 찾아보기 어려웠다. 교사는 개인의 전문성을 신장하기 위하여 개인적인 연수를 통한 교재연구 및 수업연구에 몰두하였다. 정기적으로 행하는 공개수업이나 수업장학을 통한 협의회와 컨설팅을 통한 교사 재교육 프로그램은 형식적으로 흘러갔다. 학생지도나 담임활동에 있어서 교사들이 공유하는 부분은 극히 드물었고, 학교공동체 문화를 형성하기보다는 교사 개인에 의한 수업과 생활교육이 주를 이루었다.

기존학교의 활동 구조에서 발생하는 모순 중 하나는 주체와 매개 사이에서 발생한다. 교사가 학교에서 실행하는 교육활동을 크게 '수업'과 '생활교육'으로 나눈다면, 기존 활동체계에서 교사의 전문성은 거의 대부분 '수업'에 두었다. 급속한 산업화로 인한 개발 중심의 시대를 겪으면서 우리나라는 교육을 통한 사회적 지위향상에 과도하게 몰입했다. 학교는 지위향상을 위한 수단이 되었으며, 지위향상의 중요한 디딤돌이 되었던 대학 진학을 위한 교육활동이 주를 이루는 공간이었다. 교사는 공통되고 표준화된 교육과정 안에서 교육활동을 하였고, 교실은 대학 입시를 위한 주입식 교육을 행하는 공간이 되었다. 교사에게 '전문가 또는 전문적이다'라는 수식어를 붙이는 경우는, 지식을 얼마나 잘 전달하는가와 관련된 교사 개인의 능력과 수업 기술에 한정되었다.

하지만 집합연수나 교과연수 등의 개인연수를 통해서 교사의 전문성 향상을 기대하는 교사들은 많지 않았다. 수업 내용에 대한 깊이 있는 고민과 공유 대신에 수업 기술teaching skill을 전파하는 연수에 회의가 생기기도 하였다. 또한 교사들 사이에는 수업장학이나 컨설팅을 통한 교사 재교육 프로그램에 대한 불신이 팽배했다. 모두가 기피하는 교육청의 수업장학이나, 관내 공개수업 등은 학년별, 교과별 순번제로 돌아가거나 관료적이고 보수적인 학교 문화는 신규 교사들에게 그 몫이 돌아가곤 했다. 또한 불간섭주의적인 교사문화는 공개수업 후 이루어지는 협의회에서조차 수업에 대한 실질적인 토론을 하기 어려웠다. 많은 교사들이 통과의례적인 행사라고 여겼다.

교원능력개발평가가 있지만 이를 통해 역량이 강화되리라고 기대하는 교사들은 거의 없다. 오히려 교사 간의 위화감을 조성하고, 협력적인 분위기 형성을 저해하여 개인주의적인 교사문화를 더욱 심화시킬 뿐이었다. 이렇듯 교사 역량강화를 위한 매개로 존재하는 것들에 대한 교사의 인식 자체가 부정적이었기 때문에 대부분의 정책 수단은 형식적으로 시행되었고, 주체와 매개의 일차적인 모순은 교사 역량강화라는 목표로 향하는 첫걸음부터 삐걱거렸다.

수업 방법이나 단순한 교과 지식에 집중된 개인연수와 일회성에 불과한 수업 공개 및 컨설팅은 교사의 역량강화로 이어지지 못하고 오히려 교사별 성과에 대한 경쟁을 부추기는 양상으로 나타났다. 이와 더불어 학교라는 공동체 안에서 개별적인 교사들의 움직임은 전반적인 학교 교육활동 향상으로 이어지지 못하고 오히려 다양한 부작용을 야기했다.

교원능력개발평가를 통한 교사 개개인의 평가와 더불어 개인별 성과상여금 역시 교사 간의 위화감을 심화시켰으며, 이로 인해 교사 간의 협력을 더욱 어렵게 하였다. 특히, 성과상여금이 개인 성과상여금과 학교 성과상여금으로 나누어져 있던 시기에는, 학교 성과상여금에 교원 연수 이수율이 반영되었다. 대부분의 학교에서는 모든 교원이 정해진 의무 연수 시간을 이수하도록 하여 학교 성과상여금 등급에 반영될 수 있도록 하였기에 교사들은 자신의 역량강화를 위한 연수 이수보다는 연수 이수율을 만족시키기 위한 형식적인 연수 이수에 급급했다.

모든 교사에 일반화하기는 어렵겠지만, 원격 연수를 이수하기 위하여 연속적인 '다음' 버튼 클릭을 경험해본 교사들이 많이 있을 것이다. 이를 방지하기 위해 원격 연수기관에서는 일정 시간 연수를 들어야만 '다음' 버튼을 누를 수 있게 하거나, 한 차시의 강의에서 일정 시간을 들어야만 강의 완료가 되는 등의 장치를 하기도 하였다.

기존학교의 활동 구조에 있어서, 분업과 목표 사이에서도 모순이 발생한다. 교과별 수업 공개는 거의 모든 교사들이 기피하는 바람에 그 학교에 새로 부임해 오거나 신규로 발령받은 교사의 몫으로 돌아가는 경우가 많았다. 교육청 주관 수업 공개는 매 학년도 학교별로 돌아가면서 하였고, 관내 수업 공개는 학교 내에서 교과별로 돌아가면서 시행하였다. 교사들의 필요와 요구와 무관한 수업 공개는 형식적인 일회성 행사에 그쳤고, 그 결과가 교사 역량강화로 이어지기는 어려웠다.

기존의 체계에서의 교사 역량강화는 교사 개인의 노력과 활동에 의존할 수밖에 없었다. 단지 학교 공동체는 교사들이 공동으로 모여 있는 곳을 의미할 뿐이었다. 교사 개인의 노력만으로, 교사의 전문성 신장, 학생 역량강화, 나아가 학교 역량강화를 가져올 수 없음을 인지한 교사들은 함께 생각하고 함께 나누고 함께 발전하는 공동체로서의 역량강화가 필요하다는 것을 깨달았다. 이러한 교사들의 인식이 확산되면서 교사 역량강화를 위한 활동체계의 변화를 꾀하기 시작했다.

전문가공동체로 가기 위한
의미 있는 매개들

혁 신학교에서는 전문적 학습공동체를 통해 기존 체계의 모순을 극복하고자 하였다. 학교문화의 재구조화와 조직 문화의 변화를 통한 교사들의 역량을 강화하고자 한 것이다. 새로운 시도에서는 교사를, 혁신을 위한 수단이 아닌 혁신의 주체, 교육과정 개발자, 교육개혁가, 연구자, 지식 창출자 등의 전문가로 바라보았다. 활동이론을 통해 현재 변화 중인 활동체계를 살펴보면 [그림 5-1]과 같다.

새로운 교육 패러다임으로의 전환은 교사의 적극적이고 주체적인 역할과 책임을 요구했다. 2009년부터 경기도 교육청에서 처음 시작하여 전국적으로 추진해 온 혁신학교 정책은 민주적이고 협력적인 학교 운영 철학을 기반으로 교사 스스로가 미래형 모델학교를 창안하는 '아래에서 위bottom-up'로의 교육체제 전환을 이루었다. 그리고 그것의 주체가 되는 교사가 갖는 전문성에 대한 새로운 접근이 이루어졌다.

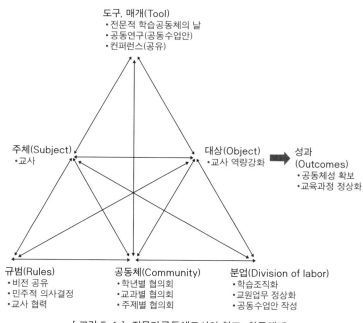

도구, 매개(Tool)
• 전문적 학습공동체의 날
• 공동연구(공동수업안)
• 컨퍼런스(공유)

주체(Subject)
• 교사

대상(Object)
• 교사 역량강화

성과
(Outcomes)
• 공동체성 확보
• 교육과정 정상화

규범(Rules)
• 비전 공유
• 민주적 의사결정
• 교사 협력

공동체(Community)
• 학년별 협의회
• 교과별 협의회
• 주제별 협의회

분업(Division of labor)
• 학습조직화
• 교원업무 정상화
• 공동수업안 작성

[그림 5-1] 전문가공동체로서의 학교: 활동체계

　혁신학교에서는 활동체계의 주체를 교사로 하여 교사 역량강
화를 목표로 설정하였다. 교직에 필요한 지식, 즉 교사의 전문성은
교사공동체의 공동탐구를 통해 형성되며, 교실과 학교를 넘어서
사회적, 정치적 이슈들과 연계된 탐구를 통해 형성된다고 보았다.
교사 전문가공동체를 통한 교사의 학습과 성장은 결과적으로 교
실과 학교 및 사회 혁신을 이끈다.

새로운 매개

　교사들의 역량강화를 위해 기존에는 연수 지원, 성과급 도입, 교원능력개발평가제도 등 교사 개인의 역량강화를 위한 매개를 도입했다면 혁신학교에서는 공동체성이 확보된 교사 역량강화를 위하여 다른 맥락으로 매개를 설정하였다.

　첫 번째 매개는 '전문적 학습공동체의 날' 운영이다. 전문적 학습공동체는 교사들의 개별적이고 개인적인 학교문화를 극복하고 구성원들의 신뢰를 바탕으로 참여와 협력을 통하여 실천적으로 교사 전문성을 개발하기 위한 교사들의 모임 혹은 집단을 말한다. 여기서는 기존 체계에서 공동연구와 실천을 통해 공유하는 학교문화로 바꾸어 교사 개인과 학교의 공동 성장을 통한 전문성 신장을 도모하는 것을 목적으로 한다. 전문적 학습공동체의 날을 운영하기 이전, 교사들은 교실 안에서 밖으로 나오기 어려웠다. 교사는 개인이 감당해야 하는 수업 준비와 각종 업무 처리로 하루가 빠듯했다. 교실 안에서 나올 수 있는 시간적, 공간적 여건이 갖추어져 있지 않았던 것이다. 기존의 학교문화는 교사 간 협력보다는 분업 체제로 모든 일이 이루어졌다.

　이렇듯 보이지 않는 벽으로 분절되어 있던 교사들에게 전문적 학습공동체의 날 운영은 교실 밖으로 나와 함께 모일 수 있는 계기를 만들었다. 이는 개인의 역량뿐 아니라 집단의 역량강화로 나아갈 수 있는 매개로 작용하였다. 특히 '교실 안'에서 '교실 밖'으로의 이동은 초등학교에서 그 의미가 크다. 학년별 전문적 학습공동체 운영은 교육과정, 수업, 학생 생활교육 등에 있어 교사가 함께 협력하는 중요한 매개가 되었다.

중·고등학교는 대개가 학년별, 교과별, 업무별 교무실을 따로 사용하여 교사들이 다 함께 모일 일이 별로 없다. 하지만 학기 초에 계획하는 전문적 학습공동체의 날 운영은 동교과, 학년별, 주제별 등 다양한 학습공동체를 조직하고 정해진 시간에 교사들이 참여하도록 하여 교사 집단 역량강화를 위한 훌륭한 매개로 자리잡고 있다. 공동연구와 실천을 위한 학습공동체의 시간 확보를 위해서 운영되는 '전문적 학습공동체의 날'은 학교 현장에서 교사 개인의 연구와 역량 개발 및 학교의 성장을 견인하는 특별한 장치라고 할 수 있다. 그리고 '전문적 학습공동체의 날'의 효과적이고 실질적인 운영을 위한 교사공동체의 노력이 끊임없이 이어지고 있다.

두 번째 매개는 '공동수업안 작성'이다. 혁신학교의 등장 이후 협력적 학교문화, 공동연구, 공동실천이 강조되면서 이에 대한 구체적인 실천 사례로 공동수업안이 등장하게 된다. 공동수업안이란, 2인 이상의 교사가 한 차시 또는 한 차시 이상 일련의 수업에 대해 수업의 목표나 기획의도, 흐름, 수업자료 등 수업에 대한 전반적인 계획을 함께 세운 수업안(문서)을 말한다.

더 좋은 수업을 하고자 하는 대다수 교사들의 공통된 열망과는 별개로 그동안 학교 수업은, 교사 개인의 역량에 의존했다. 수업 실기 대회 같은 경쟁적 시스템은 수업 개선을 위한 구체적인 실천과 노력이 교사 개인의 몫이라는 관점을 더욱 강화했다. 간혹 교사 간 협력적인 분위기가 형성된 학교에서 수업협의활동이 이루어지기도 했으나 이것 역시 주로 자료나 수업 아이디어를 공유하는 수준에 머물렀다.

공동수업안의 형태는 학교마다 차이가 있지만 공동수업안이 담고 있는 내용과 설계 과정은 매우 유사하다. 수업 시간에 다룰 텍스트나 주요 개념 살펴보기, 이 지식을 접점으로 하여 교사가 펼치고 싶은 수업의 모습 공유하기, 수업을 하는데 있어서 예상되는 어려움 드러내기, 유용한 수업자료 선정 및 수업과정 구상하기, 공동실행과 평가계획 세우기가 바로 그것이다. 특히, 수업 시간에 다룰 지식에 대한 의미를 부여하는 과정에서 교사들은 각자가 가지고 있는 가르침에 관한 철학을 드러내게 된다. 이때 교사는 스스로를 전문가라고 인식하면서도 실제적으로는 교과서 지식을 가장 효율적으로 전달할 수 있는 기능인으로서의 역할을 해오고 있었다는 현실적 모순을 발견하는 계기가 되었다. 공동수업안 작성이라는 매개를 통해 교사들은 '이 수업을 왜 하지?'와 같은 본질적인 질문을 떠올리고 답을 찾기 위해 수업에 관한 목표 설정을 새롭게 하며, 개인과 공동체의 전문성 신장을 위한 발판을 마련하게 된다.

세 번째 매개는 학교 '컨퍼런스데이' 운영이다. 함께 공동으로 연구하고 실천한 내용을 전 교사가 공유하는 시간으로, 협력수업이나 프로젝트수업, 주제통합수업 등의 다양한 결과물을 공유하게 된다. 이를 통하여 교사들은 교육활동에 있어서 나눔과 공유의 중요성을 알게 된다. 다른 학년의 교육활동 결과물을 보면서, 그리고 다른 교과의 결과물을 공유함으로써 자신이 담당하고 있는 교과와의 통합수업에 대한 아이디어를 얻기도 한다. 더 좋은 자료들을 함께 공유하고 이와 관련된 교사들의 다양한 의견이 모이고, 더 큰 비전을 공유하게 되면서 이것이 학교문화의 하나로 자리잡게 된다. 전문적 학습공동체의 결과물-대단한 것이든 소소한 것이든-에 대한 구성원들의 연구결과 공유문화는 교사 개개인들에게 참여의 의지와 성취감을 부여한다. 이는 전문적 학습공동체에 적극적이고 주체적으로 활동하게 하는 원동력으로 작용하여 개개인의 역량 발휘와 함께 공동체 성장에도 기여하는 효과를 가져온다.

전문가공동체의 규범

전문적 학습공동체의 날 운영, 공동연구, 컨퍼런스데이 등이 원활하게 작동하기 위해서는 이를 뒷받침해줄 다양한 규범이 필요하다. 혁신학교에서는 학교공동체 구성원 간의 비전 공유, 민주적인 의사결정, 교사 협력 등의 규범을 매개로 교사의 역량을 강화시키고자 하였다.

첫 번째 매개는 비전 공유이다. 교사가 전문가로 성장하기 위해 자신의 역량을 강화하고자 하는 비전을 공동체와 함께 공유함으로써 모두가 같은 방향으로 나아갈 수 있게 된다. 교사 전문가공동체에서 비전 공유는 진정한 참여를 이끌어내는 커다란 힘이다. 학교의 구성원들이 같은 비전을 공유하고 공동연구와 실천의 의지를 갖고, 같은 시간과 공간에 모여 공동체의 문제를 공유하고 함께 해결하려는 학교문화는 교사 전문성 개발을 위해서 의미가 크다.

두 번째 매개는 민주적 의사결정 구조이다. 기존학교는 뚜렷하게 구분되는 상하관계에 의한 하향식 의사결정 구조가 주를 이루었다. 하지만 민주적 의사결정 구조의 규범 매개는 학교의 협의 문화를 바꾸어 놓았다. 관리자, 부장교사, 일반교사, 경력교사, 신규교사를 구분하지 않고 누구나 자유롭게 의견을 제시할 수 있는 분위기가 조성되었고, 의견을 수렴하여 학교 운영에 반영하였다. 특히 전문적 학습공동체 운영에 있어서는 구성원들의 의견이 존중되고 합의된 내용이 실제로 이루어져야만 교사들은 전문적 학습공동체 운영에 대한 신뢰를 기반으로 함께 협력하여 공동의 전문성 신장을 위해 노력할 수 있다.

또한 교사 전문가공동체에서 이루어지는 협의문화 및 의사결정 구조는 교실 속으로 전이되어 민주적인 교실을 만들어가는 데에도 일조하였다. 수업 아이디어, 생활교육, 학생자치 등 교육과정 운영 과정에서의 협의 방식이 바뀌었으며, 일방적인 전달이 아닌 모두가 의견을 내놓고, 합의된 내용이 실천에 옮겨지는 과정의 경험을 통하여 협의문화가 살아나고 창의적이고 생산적인 발전 방향으로 나아가고 있다.

세 번째 매개는 교사들의 협력이다. 혁신학교에서 교사 역량강화를 위한 매개로 사용하는 전문적 학습공동체의 날, 공동연구(공동수업안), 컨퍼런스(공유) 모두 교사 간의 협력 없이는 이루어질 수 없다. 이런 교사 간의 협력은 아주 작은 부분에서부터 시작할 수 있다. 전문적 학습공동체의 날에는 개인 용무나 출장 등을 자제하고 같은 시간, 같은 공간에서 함께하자는 암묵적인 약속을 지키며, 학교 전체에서도 학습공동체의 날에는 최대한 행사나 모임을 자제한다. 교사들은 학년별 또는 학년군별로 모여 교육과정, 수업, 학생 생활교육, 학교문화에 대한 다양한 이야기를 나누고 더 좋은 방안을 위해 고민하고 변화하는 모습을 통해 공동체 모두의 전문성 신장이라는 바람직한 결과를 이뤄낼 수 있다.

전문가공동체의 분업 구조

교사들의 역량강화를 위해 고안된 전문가공동체는 비전 공유, 민주적 의사결정, 교사협력 등의 규범을 바탕으로 '학습조직화', '교원업무 정상화' 그리고 '공동수업안 작성'에서 새로운 형태의 분업이 매개로 작동한다. 이는 의미 없이 개인적으로 분업화되어 바쁘게 움직이던 학교문화를 재구조화하고 조직문화의 변화를 가져왔다.

'학습조직화'는 학교 조직을 업무 중심에서 교육과정 중심으로 전환하였다. 학교 차원에서 볼 때 인사업무도 교사 전문성 향상을 위한 매개가 된다. 초등학교에서 1학년 담임교사가 2학년까지 연계한 성장배려 학년제, 새롭게 학년이 구성될 때 한 학년에 적어도 1~2명의 교사가 남아서 다음 연도 교육과정을 연계할 수 있도록 하는 학년중임제, 업무에 최적의 사람을 적재적소에 배치하는 것도 학습조직화의 한 예이다. 교육과정에 필요한 시기에 예산을 집행할 수 있는 것과 권한위임 등을 통하여 교사들이 마음껏 교육활동을 펼칠 수 있는 것도 새로운 분업 구조에 의해 가능해졌다.

또한 많은 혁신학교에서 '교원업무 정상화'를 위하여 교육과정 운영에 있어 불필요한 업무를 없애고 조직을 재구조화하였다. 학교에서 교무업무 전담팀을 구성하여 교감을 중심으로 행정실무사, 전담교사가 함께 팀을 이루어 행정업무를 처리하는 것도 새로운 분업 시스템에 의한 것이다. 이를 통해 교사들은 교육과정 운영에 집중할 수 있는 여건이 마련된다.

공동수업안 작성은 교사들의 상호협업적 역할분담체계 형성에도 영향을 미쳤다. 기존의 분업체계에서는 교사들 개인이 분절적으로 업무를 맡아 수행하고 각각의 결과를 하나로 취합하여 결과를 만들어냈다. 기존에는 과업이 진행되는 전체적인 맥락이나 과업이 공동체 전체와 갖는 상호 관련성 등은 비교적 고려되지 않았다. 그러나 공동수업안을 작성하면서 교사들은 더욱 협력적이고 통합적인 관점에서 일을 나누어 맡게 된다. 개별적 정보나 사례를 수집하더라도 함께 의견을 나누고 조율하는 과정에서 전체 작업의 부분 활동을 조망할 수 있게 된다. 공동수업을 실시하고 문제점을 분석하여 다음 수업에 개선안을 반영하는 과정에서 재구성, 창작, 적용, 검토, 반영, 개선 등 다양한 교사의 역할이 새롭게 등장하게 된다. 이렇듯 혁신학교에서의 학습조직화는 교사들의 집단역량을 향상시키는 데에 커다란 밑바탕이 될 뿐 아니라 새로운 분업 구조를 만들어 나가고 있다.

전문가공동체의 성과와 한계

전문가공동체의 의미와 가치는 학교별, 학습조직 간 차이가 있으며 그 실천의 방향이나 양상 또한 다르게 나타날 수 있다. 하지만 혁신학교가 정착되고 확산되면서 그 의미와 가치에 대한 인식의 유사성과 전문성 신장 방안의 공통성이 나타나게 된다. 정도의 차이가 있겠지만 전문적 학습공동체의 운영은 내용과 방법에서 전문가공동체의 의도를 잘 구현한 결과물이라 여겨진다.

전문적 학습공동체라는 매개를 통해 교사의 역량강화뿐만 아니라 학교의 역량강화를 기대하면서, 교사는 공동으로 연구하고 공동으로 수업안을 작성하여 실행하였다. 그리고 이를 위해 정기적으로 전문적 학습공동체의 날을 운영하였고, 공유할 수 있는 컨퍼런스 등을 개최하였다. 이 과정에서 교사들은 비전을 공유하고, 전문적 학습공동체에 참여하겠다는 의지를 가지고 시간을 엄수하며, 상호존중 속에서 교사들이 서로 협력하는 규범을 확립해 나갔다. 또한 학교공동체는 교사 역량강화를 위하여 행정업무 중심의 학교 조직을 학습조직화하여 교사의 역량강화가 학교 역량강화로 이어질 수 있는 발판을 마련하였다. 교원업무 정상화와 이에 따른 교사 간의 새로운 역할기대 등을 통해 교사의 역량강화가 지속적으로 이루어질 수 있도록 하였다.

하지만 교사문화뿐만 아니라 학교문화의 변화를 위한 훌륭한 매개 역할을 하는 전문적 학습공동체는 학교 급별에 따라 명암이 엇갈리기도 한다. 초등학교 급별에서는 이미 학년 단위의 학습조직화가 이루어진 상태이며 행정업무와 수업에 있어 선택과 집중이 잘 나누어져 있고, 시간표 운영에 있어서도 전문적 학습공동체 시간을 운영할 수 있는 시간이 중·고등학교보다는 비교적 확보되어 있기 때문에 유의미한 전문적 학습공동체 활동이 진행되고 있다.

그러나 중·고등학교의 경우 시간적으로나 공간적으로 초등학교에 비해 전문적 학습공동체 운영이 활성화되기 어렵다. 학년별 학교 조직을 중심으로 학교를 운영하더라도 한 학년 안에서 가르치는 과목이 다양하고 교사별 시간표 운영이 다르며, 학생들의 수업도 7교시(오후 5시)까지 진행되는 경우가 대부분이라 전문적 학습공동체 시간을 확보하기가 매우 어려운 실정이다. 또 특정 과목은 한 학년에 교사 한 명이 수업하기 때문에 공동연구가 어려운 경우도 있다.

교사들은 전문적 학습공동체를 통해 전문가로서의 개인적 발전과 함께 학교 조직의 변화와 혁신을 이끌어내며 전문가공동체로서 함께 성장을 도모해왔다. 하지만 이와 함께 여전히 또 다른 모순이 드러나고 있다.

전문적 학습공동체 운영에 있어 드러나는 새로운 모순, 즉 여전히 해결하기 쉽지 않은 과제들은 교사의 전문가로서의 윤리 부족과 학습조직의 부재에서 발견된다. 공동체의 전문성 향상을 위한 다양한 매개의 성공적인 운영을 위해서는 무엇보다 중요한 것이 교사 개인의 전문가로서의 윤리이다. 전문적 학습공동체의 날 운영을 위한 교사들의 자율적이고 자발적인 참여가 필요하지만, 현장에서는 여러 가지 이유로 참여에 소홀한 교사들이 있다. 이런 모순을 해결하기 위해서는 비전 공유, 성공 경험 등을 통해 전문적 학습공동체 시간이 교사들에게 필요함을 인식하게 하거나 전문적 학습공동체 운영 규범을 만들어 모두 지켜나갈 수 있도록 해야 한다. 다양한 학교 교육활동으로 인해 약속된 시간에 모이는 것도 매우 어려운 일이지만, 그 시간에 모여 있다고 해서 집단의 역량을 강화할 수 있는 효과적인 전문적 학습공동체 시간을 보내는 것도 사실 어려운 일이다. 교사들이 비전을 공유하고 그것을 위해 모든 구성원들이 실질적이고 효과적인 시간 운영이 될 수 있도록 구성원들의 합의와 논의가 필요한 시점이다.

학습조직의 부재는 교사들의 전문성 향상을 위한 노력에 큰 걸림돌로 작용하고 있다. 교사들은 전문성 향상을 위해 노력하지만 학교환경이나 학교급별에 따라 전문적 학습공동체 운영을 위한 학습조직화가 이루어지지 않고 있다. 이를 위해 교사 학습공동체의 운영 수준을 높이는 한편, 교육과정 중심의 학교 조직, 교원업무 정상화 등의 여건이 먼저 조성되어야 한다.

공동연구(공동수업안 만들기)에서 발생하는 모순은 교사의 개별화 또는 원자화이다. 공동수업안은 상호합의를 바탕으로 공동의 연구 주제(교과 혹은 프로젝트 등)를 선정하고 협업을 통하여 공동의 결과물을 만들어내는 것이다. 이런 공동수업안 작성은 공동으로 연구하고 실천하는 학습공동체 형성에 기여한다. 공동수업안은 교사공동체가 공동연구-공동실행-공동성찰의 순환 구조를 갖게 하고 이러한 선순환은 꾸준하고 지속적인 학습공동체를 유지하게 한다. 실제 대부분의 혁신학교에서 기존의 동학년 협의회를 대신하여 동학년 단위의 전문적 학습공동체가 조직되고 이를 통해 수업 공개와 수업 나눔을 비롯한 다양한 실천적 활동이 이루어졌다.

반면 공동수업안 연구 및 작성협의 과정에서 교사가 참여 의지가 부족하고 개별적으로 행동하는 것은 학습공동체의 위기가 아닐 수 없다. 따라서 최소한 구성원들의 개방적인 협의와 민주적인 의사결정 과정을 거쳐서 공동체 운영의 원칙을 수립하거나 유연한 규칙을 세우는 등 해결점을 모색해야 한다.

'컨퍼런스데이' 운영에 있어서 일어나는 모순은 형식적, 보여주기식 전시성 행사로의 변질이다. 컨퍼런스를 통한 개인 혹은 공동체의 연구 결과 공유는 교사 개인뿐만 아니라 학교의 성장을 도모하고 교사공동체의 연구와 학습 및 공유를 통한 개방과 협력의 학교문화를 만들어낸다. 하지만 자칫 그 의미와는 다르게 학년별, 교과별 성과 발표회에 머물거나 보여주기식 전시성 행사로 변질될 우려가 있다. 공동의 문제 해결을 위한 공동연구와 실천 및 결과 공유의 학습공동체 문화는 교사의 전문가 속성을 드러내는 것으로서 그 자체로 의미하는 바가 크다. 하지만 결과와 성과 위주의 운영은 공동체 문화의 걸림돌이 되므로 당연히 지양되어야 한다.

학습공동체의 활동 과정에 대한 가치와 의미의 중요성을 공유하고 상호 칭찬, 융통성 있는 운영은 구성원들의 소통과 참여, 공동 성찰의 긍정적인 학교 및 교사 문화를 만들게 되며, 지속적인 학습공동체를 유지하고 발전시키는 원동력이 된다. 따라서 컨퍼런스의 의미에 대해 공동체 구성원들이 합의하는 것이 중요하다. 연구 결과에 대한 수준을 평가하는 것이 아니라 연구하고 학습하는 교사공동체 문화의 중요성을 인식하고 함께 참여하여 공유하는 과정 중심의 컨퍼런스데이 운영이 필요하다.

나가며

우리는 혁신학교의 확산과 더불어 전문가공동체가 구현되고 있는 방안에 초점을 맞춰서 학교라는 활동체계를 살펴봤다. 하지만 혁신학교의 양적인 확산으로 인하여 종종 전문가공동체의 철학적 내용과 가치의 구현이 잘 드러나지 않는 경향이 있다. 혁신학교의 가치, 규범, 실천 단계 등이 공식적으로 문서화되어 학교 단위로 내려오고, 단위 학교는 그에 맞춰서 운영하고 평가되고 있는 한계가 있음을 부정할 수는 없다.

교사는 교사가 된 이래로 숙명적으로 전문성을 갈구하는 존재이다. 교사는 스스로 자기 정체성을 가지고 전문가라고 믿으며 교육활동을 하고 있으며, 그에 어울리는 전문성을 신장시키기 위해서 노력해왔다. 하지만 우리는 기존의 학교에서 발생하는 모순으로 인해, 교사 역량강화에 많은 한계가 있음을 알게 되었다. 개별주의적인 학교문화와 관료적인 시스템을 가진 기존의 학교에서는 능력이 출중한 몇몇 교사를 제외하고, 학교 구성원 전체의 역량강화로 이어지는 데 한계가 있었다.

혁신학교는 그동안 전문성 신장을 위한 교사 개개인의 노력을, 구성원 전체가 함께 고민하고 연구하고 공유하여 협력적으로 성장하는 교사공동체로 변화하는 계기를 제공하였다. 그리고 공동의 가치와 비전을 가지고 학교문화를 협력적이고 민주적으로 변화시키고, 동시에 공동연구와 공동실천의 과정 속에서 학생의 학습을 효율적으로 증진시키기 위해 함께 협력하고 성장하는 전문가공동체로서의 모습을 보였다.

오늘날 4차산업혁명이라는 새로운 사회환경에 따라 교육환경도 급격하게 변하고 있다. 이 큰 변화의 소용돌이 속에서 교사는 이전보다 더 다양한 분야에서의 전문가가 되기를 강요받고 있다. 자신이 가르치는 교과에서의 교과전문가, 학생 생활지도에서의 생활지도전문가, 학교생활뿐만 아니라 생활 전반에 걸친 상담전문가, 사회 변화 속에서 학생의 진로를 안내해주는 진로전문가 등 다양한 방면에서의 전문성이 요구되고 있다. 이러한 상황에서 혁신학교에서 '전문가공동체'는 미래 사회의 변화와 함께 미래 우리 교육이 나아가야 할 길을 함께 만들어가는 동반자가 될 것이다.

6장

학교는 어떤 공동체인가?

성열관

이 책의 핵심 키워드: 모순, 매개, 학습

활동이론은 학교의 활동체계는 물론 교사의 정체성을 변화시킨다. 교사의 정체성은 교사가 어떤 사람인가에 대한 정의라고 볼 수 있다. 활동이론에서 교사의 정체성은 모순을 파악하고 대안적 활동체계를 만들어 나가는 과정에서 성장하는 전문가이다. 교육 분야에서는 단위 학교의 활동체계를 분석하는 데 있어 활동이론의 유용성이 높다Sannino & Nocon, 2008. 활동이론을 활용하면, 교사들 스스로 자신의 활동체계를 발전시켜 나가면서 확장적 학습 기회를 경험할 수 있다. 교사들이 외적 명령이나 책무성 요구에 '대응하는 사람'으로서의 정체성에 머문다면 활동체계의 변화는 쉽지 않을 것이다. 문화역사적 활동이론은 교사들이 활동체계의 능동적 주체로서 학교 내 모순을 파악하고, 그 모순에 대처하는 과정에서 다른 모순과 만나며, '학교를 더 좋게 만드는 사람들' 또는 '학교를 변화시키는 사람들'로 정체성을 만들어나가야 함을 시사한다.

클레멘트Clement, 2014는 교사와 교육정책 사이의 관계에 대한 연구를 종합적으로 살펴본 후, 교사들은 관행과 새로운 정책 사이에서 타협하면서, 새로운 정책을 환영하지 않는 경향이 있다고 하였다. 그 가장 큰 이유는 교사들에게 새로운 정책이 왜 필요한지에 대한 공감을 얻는 과정이 없었기 때문이라고 지적하였다. 이렇게 '환영받지 못하는 새로운 정책'의 악순환은 교사를 창조적인 학습자가 아닌 책무성 정책의 대상으로 위치시켰다는 데에도 원인이 있다.

이와 관련하여 하그리브스Hargreaves, 2004는 책무성 정책이 상벌도구에 기초하기 때문에 실패하였으며, 이에 대한 대안으로 교사들의 자발성을 끌어내야 한다고 주장한다. 외적 책무성평가는 학교의 기존 관행을 극복하지 못하고, 교사들을 원자화한 채 창의적 학습공동체로 이끌지 못했다는 것이다. 그런 의미에서 기틀린과 마고니스Gitlin & Margonis, 1995는 교사들이 외적 책무성정책에 저항하는 것은 나름대로 전문성에 기초한 판단으로 볼 수 있으며, 교사들은 '나쁜' 정책이라고 생각되는 정책을 잘 따르려 하지 않는다고 했다. 코크란-스미스와 라이틀Cochran-Smith & Lytle, 2009 역시 어떤 정책이 '좋은' 정책인가는 교사들이 가장 잘 알 수 있는 위치에 있다고 말한 바 있다.

교사들은 언제나 정책 입안자들이 학교현장을 잘 모른다고 비판하고, 정책 입안자들은 교사들의 개혁의지가 너무 약하다고 비판한다Fullan, 2001. 기실 외부에서 학교 안으로 들어오는 교육정책도 매우 중요하며, 교사들이 자발적으로 변화를 도모하는 노력 역시 중요하다. 활동이론에 따르면, 이러한 이분법을 넘어 교사들 스스로 자신들이 속한 활동체계에 존재하는 모순을 파악하고, 이를 극복하는 과정에서 확장적으로 성장할 수 있다.

활동이론 관점에서 보면, 학교 혁신을 위한 교사 학습공동체의 중요성을 강조하고 있는 하그리브스[2004]나 풀란[Fullan, 2001]과 같은 학자들도 모순의 중요성에 대해서는 그리 부각시키지 못했다. 타이액과 큐반[Tyack & Cuban, 1995]도 교육 현장에 대한 이해도가 낮은 교육정책을 내놓는 정책 관료를 비판하고, 학교 내부에서 자발적으로 이루어지는 교사들의 노력을 강조했다. 그렇지만 교사들의 자발적인 노력은 모순의 인식 없이는 지속하기 어렵다.

이러한 문제의식 위에서 문화역사적 활동이론은 교사들의 전문적 성장은 물론 학교 변화에 유용한 도구가 될 수 있다. 이때 교사들은 스스로 기본 모순이 무엇인지 파악하고, 활동체계 요소 사이에서 어떤 모순이 있는지 찾아가며, 대안적 활동체계를 설계하고, 다른 활동체계와 상호작용하면서 모순을 극복해나가야 한다. 이처럼 활동이론에서는 교사의 정체성과 모순이 매우 밀접한 관계에 놓인다. 교사의 전문적 신장은 확장적 학습에 의해 가능하고, 확장적 학습은 바로 모순에서 시작하기 때문이다.

활동이론의 주창자인 엥게스트롬은 확장적 학습의 중요성을 역설했다. 확장적 학습에서는 문제를 재정립하고 그 문제를 해결하는 과정에 참여하며, 그 과정에서 새로운 문제해결 도구를 만드는 능력을 습득한다. 학습자는 기호 도구를 매개로 역사문화를 내재화하여 고등정신 기능을 발달시킨다는 비고츠키주의의 기본 명제를 뛰어넘어, 엥게스트롬은 학습자가 도구를 창의적으로 고안하여 대상 세계를 변화시킬 수 있다고 보았다. 그는 사회에서 인간 내부로 향하는 학습과 인간 내부에서 세계를 향하는 학습 모두 중요하다고 보았다. 후자에서 매개 도구는 새로운 지식과 대안적 방식의 실천이 될 수 있으며, 이 지식과 실천은 학습자가 속해 있는 활동체계를 변화시킬 수 있다.

이에 교사들은 전문성 학습자로서 학교 상황에서 벌어지는 모순의 극복을 위해 매개를 잘 고안할 수 있어야 한다. 예를 들어, 협력수업은 학생들 사이에 긍정적 상호의존성이 생길 수 있도록 매개를 고안할 수 있을 때 잘 운영될 수 있다. 또 학생들이 학급공동체에 속해 있는 방식의 변화를 위해 교실 수업의 규범(활동체계에서 매개로서의 규칙)을 바꾸어 나갈 수 있어야 한다. 그리고 협력수업에서 참여 또는 참가를 촉진시킬 수 있도록 긍정적 역할기대를 조성해나가야 한다. 이렇게 실천 속에서 학습하는 교육자들은 오늘날 많은 교실에서 참여가 양극화되어 있는 모순을 극복하기 위해 유능한 매개의 설계자들로 성장해야 할 것이며, 그것이 곧 전문성 신장이라고 볼 수 있다.

학교는 어떤 공동체인가?

활동이론은 개인이 공동체에서 다양한 규범과 역할, 정체성 속에 학습하면서 개인이 성장하고 공동체가 더 좋은 방향으로 나아갈 수 있음을 시사해주는 이론이다. 이는 사회조직으로서의 학교에 많은 함의를 제공한다. 활동이론은 학교를 여러 유형의 공동체로 보게 한다. 그 중에서도 혁신학교 운동에서 가장 중요한 공동체는 학습공동체, 배려공동체, 정의공동체, 그리고 전문가공동체라고 할 수 있다.

첫째, 학교야말로 가장 기본적으로 학습공동체이다. 오늘날 교사들에게 가장 고충인 것 가운데 하나가 교실 학습공동체의 붕괴이다. 물론 교사들에게 가장 행복을 주는 것도 수업이자 교실이다. 수업이 잘 이루어지지 않는 것은 개별 학생들 사이에 긍정적 역할 기대가 없고, 상호의존할 이유를 잃고, 교환가치로서의 학습만 남아 있기 때문이다. 활동이론은 교실을 서로 존중하고, 의지하고, 염려하는 공동체로 만들어야 모든 학생들의 학습을 도와줄 수 있음을 시사한다. 혁신학교의 여러 특징이 있지만 가장 중요하고도 많이 알려진 목표는 한 아이도 소외시키지 않는 수업을 운영하는 것이다.

이는 출발점이 늦은 학생, 이해를 잘 못하는 학생, 형편이 어려운 학생 등 혁신학교 자체가 포용적인 철학에 기초한다는 것을 함의한다. 여기서 우리는 혁신학교가 윤리적인 수업공동체를 지향한다는 것을 짐작할 수 있다. 교실의 문화를 경쟁에서 협력으로, 한 줄 세우기에서 모두가 빛나는 교육으로 전환하고자 하는 혁신학교는 교실을 공동체로 인식함으로써 문제해결의 가능성을 본 것이다.

둘째, 혁신학교는 배려 윤리를 기초로 하는 공동체이다. 혁신학교는 다양한 형태로 존재하지만 보통 '책임과 돌봄의 책임교육 공동체'라고 불린다. 이때 많은 이들이 '돌봄'을 돌봄교실의 그것으로 한계지어 생각하는 습관이 있다. 그러나 배려의 의미가 반드시 그렇지는 않다. 혁신학교는 배려윤리학의 영향을 받았으며, 학교의 주체인 학생-학생, 학생-교사 사이의 실존적 관계, 쉽게 말해 인간적이면서 상대방 속에서 나의 존재를 느끼는 관계를 말한다.

활동이론에서는 교육자들이 교실의 생태계를 복원하여 학생들을 학습의 주체로 다시 세우고 창의적 매개를 사용하여 학교를 변화시킬 수 있는 전략을 제공해줄 수 있다. 그런데 이런 전략은 인간을 목적으로 대하며 한 개인이 타인과의 인간적 상호작용을 통해 어떻게 발달해나가는지 관심을 가질 때 성공할 수 있다. 이에 배려공동체는 단순히 돌봄이 아니라 배려의 윤리학에 기초하고 있다는 것을 항상 기억해야 한다.

셋째, 학교는 주요 사회조직의 하나로서 권리, 인정 여부, 기회 등을 배분한다. 그렇기에 학교는 정의공동체라고 볼 수 있다. 이 책의 4장에서는 정의공동체를 "민주적 의사결정, 자치와 참여, 민주시민 교육을 통해 주체가 되는 삶을 살고, 분배적 정의를 포함한 사회정의 교육으로 개개인 모두가 존엄하고 행복한 삶을 살아가도록 돕는 공동체"라고 정의했다. 교육의 목적은 학습 경험을 통해 자아를 실현하게 하고, 행복한 삶을 영위할 수 있도록 도와주는 것이다.

그런데 정의가 없는 사회는 모든 시민들에게 행복을 가져다주지 못한다. 혁신학교에서도 학교문화 혁신, 배움중심수업, 전문적 학습공동체에 대한 이야기는 무성하지만, 정작 아이들이 살아가게 될 사회를 정의롭게 만듦으로써 그들이 품위 있는 삶을 영위할 수 있도록 도와줄 수 있는가에 대한 담론은 충분하지 않았다. 이에 이 책에서 우리는 모두가 행복한 학교를 만드는 동시에 정의로운 사회로 나아가기 위해서는 이제 '정의공동체로서의 학교'라는 화두를 던졌다.

넷째, 학교조직은 공교육의 목표, 즉 학생들의 전인적 성장을 위해 교사들이 그 목표를 추구하는 조직이다. 그렇다면 학교조직의 활동체계에서 매우 중요한 것은 교사공동체라 할 수 있다. 최근 이를 교사 학습공동체라 부르는 경향이 있다. 이는 전문가공동체를 말하는 것으로, 이 공동체는 공교육의 가치실현을 위해 학생들의 성장을 도모하고, 인간적인 학교문화를 만들기 위해 공동실천의 과정 속에서 협력적으로 성장하는 교사공동체라 볼 수 있다. 이러한 흐름에서 혁신학교는 원자화된 개인 역량에 의존했던 문화를 바꾸어 함께 연구하고 함께 실천하는 학습공동체를 형성하고자 하였다.

　전문가로서 교사는 모두가 참여하는 질높은 수업을 운영하며 실천 속에서 학습하며 전문성을 신장하는 교사를 말한다. 그래서 전문가로서의 교사는 강의만 잘하는 교사가 아니라 교육 전반에 걸쳐 안목이 있는 사람이다. 이 책의 5장에서 강조했듯이, 이 안목은 장기간에 걸쳐서 길러지며, 동시에 전문가공동체 속에서 만들어진다. 교사의 전문성은 공동체 속에서 교사 스스로가 자기가 누구인지, 정체성을 찾는 과정에서 길러진다. 정체성은 오직 '타인'과 '우리들'이 존재하는 공동체 속에서 형성되는 것이기 때문에 교사의 정체성은 이 책의 제목처럼 '학교는 어떤 공동체인가'에 달려 있다.

　이와 같이 학습자로서의 인간은 타인과의 상호작용 과정과 집단 속에서 정체성을 형성한다Lave & Wenger, 1991. 그리고 이 정체성 형성 과정에서 자신은 어떤 학습자이고, 무엇을 배우고 싶어 하며, 배운다는 것이 자신의 삶에 어떤 의미가 있는지 생각하게 된다. 활동이론은 이러한 학습을 도와줄 수 있는 많은 장점이 있다. 특히 활동이론은 학습자에게 문화역사적 성격을 갖는 매개가 어떤 역할을 하는지, 그리고 역으로 학습자가 문화역사적 조건을 어떻게 창의적으로 변화시키는지 분석할 수 있는 유용한 연구방법론이라 볼 수 있다. 혁신학교는 이런 측면에서 활동이론과 닮은 점이 매우 많다.

활동이론에서 강조하듯이 엥게스트롬은 자신이 창안한 활동이론에서 모순이 핵심적인 학습원리라고 말하였다. 활동이론에서는 학습자가 참여하고 있는 과업과 그것을 둘러싼 공동체 속에서 도구를 사용하여 인지적으로 또는 사회적으로 발달하는 과정을 중시한다. 동시에 공유된 목적을 가진 활동체계 속에서 학습자는 규칙, 분업, 개념적 매개 등을 통해 정신활동을 발달시키며, 동시에 보다 더 좋은 활동체계로의 변화를 향해 나아간다. 이때 모순은 변증법적 전개를 통해 학습자를 성장시키고, 활동체계를 변화시키는 동기를 부여한다는 점에서 중요한 의의를 지닌다. 소위 '무늬만 혁신학교'라는 말이 있는데, 주체들이 모순을 인식하고 이를 적극적으로 극복하려는 노력 없이 매뉴얼대로 '따라하기'에 그치는 경우를 말한다. 이는 모순에 대한 인식이 약하기 때문이다.

지금 우리 사회 중등학교 교실에서 이루어지는 수업을 볼 때, 과연 교실이 공유된 목적을 달성하고자 노력하고 있는 활동체계인가 자문하지 않을 수 없다. 많은 중등학교 교실에서 학생들의 수업 참여 정도는 상당히 양극화되어 있으며, 극심한 경쟁 속에서 공교육의 목적을 달성하는 데 있어 많은 어려움이 존재한다[이혁규, 2003: 성열관, 이형빈, 2014]. 문화역사적 활동이론은 이러한 교실의 활동체계에서 모순을 발견하고, 모든 학생들의 성장과 발달이라는 공유된 목적을 회복하는데 있어 많은 시사점을 제공한다. 활동이론에서 인간이 무엇인가를 배운다는 것은 공동체의 공유된 목적 달성이라는 동기를 가진 주체가 그 사회의 규범과 노동분업 구조 등 문화적 속성과 상호작용하면서 발달해나가는 것으로 보기 때문이다.

이 책에서 우리는 학교와 수업에서 모순을 파악하고 극복하는 과정에서 전문성을 신장하는 사람으로서의 교사 정체성을 강조하였다. 활동이론은 교사들이 활동체계를 변화시켜 나가면서 확장적으로 학습할 수 있는 길을 제시하고 있다. 그동안 혁신학교는 도구, 규칙, 분업이라는 매개를 잘 고안하여 사용함으로써 모순을 극복하고, 학교와 수업이라는 활동체계를 발전시켜 나가려는 노력이었다고 볼 수 있다. 하나의 이론을 가지고 그동안의 혁신학교 역사와 경험을 함부로 재단하는 것은 늘 주의해야 할 일이다.

하지만 이론은 우리의 파편적인 경험에 질서를 부여하고, 의사소통을 수월하게 하여 보다 효과적인 학교 혁신을 가능하게 해준다. 이론은 하나의 언어를 동반하며, 그 언어가 사람들의 인식을 바꾸는 힘이 있기 때문에 이론의 중요성은 결코 가볍지 않다. 이에 혁신학교라는 현장에서의 실천은 언제나 이론과 상호작용하며, 스스로를 이론화하고, 이론에 의해 성찰될 필요가 있다. 활동이론과 혁신학교는 그런 관계를 지향해야 한다.

참고문헌

- 강희룡, 길현주, 서용선, 이근영, 장은주(2013). 경기교육의 정의론적 기초. 경기도교육연구원.
- 경기도 교육청(2015). 혁신학교, 우리가 만들어갑니다. 경기도교육청.
- 경기도 교육청(2016). 배움중심수업 2.0의 이해와 실천. 경기도교육청.
- 곽영순, 김종윤(2016). 한국형 교사학습공동체의 특성과 과제. 교육과정평가연구, 19(1), 179-198, 한국교육과정평가원.
- 교육부(2017). 2015 개정교육과정 총론. 교육부.
- 김남수, 이혁규(2012). 문화역사 활동이론을 통한 1년차 서울형 혁신학교의 수업 혁신 활동의 이해. 열린교육연구, 20(4), 357-382.
- 김운종(2012). M. Sandel의 정의론의 교육목적론적 탐색. 교육철학연구, 34(4), 23-42.
- 김정안 외(2013). 주제통합수업. 서울: 맘에드림.
- 넬 나딩스(2016). 21세기 교육과 민주주의. 서울: 살림터.
- 롤스 (황경식 역) (2003). 정의론. 서울: 이학사.
- 롤스 (김주희 역) (2016). 공정으로서의 정의. 서울: 이학사.
- 마이클 샌델(2010). 정의란 무엇인가. 서울: 김영사.
- 문성훈(2013). 마이클 왈쩌의 "다원적 정의"와 현대 사회 비판. 범한철학, 70, 391-421.
- 문정애(2008). Noddings의 배려윤리와 그 교육적 의미. 경북대학교 박사학위논문.
- 박병춘(1999). 보살핌윤리의 도덕교육적 접근 연구. 서울대학교 박사학위논문.
- 박영신 외(2016). 청소년의 스트레스와 사회적 지원에 관한 연구. 한국심리학회, 22(4). 79-107.
- 박현숙 외(2015). 수업 고수들. 서울: 살림터
- 배한동, 은종태(2010). 콜버그의 정의공동체 학교 모형의 학교 도덕교육에의

적용 과제. 중등교육연구, 58(3), 451-475.
- 사토 마나부(2012). 학교의 도전: 배움의 공동체를 만들다. 서울: 우리교육.
- 사토 마나부, 한국배움의공동체연구회(2014). 교사의 배움. 서울: 에듀니티.
- 서경혜(2009). 교사 전문성 개발을 위한 대안적 접근으로서 교사학습공동체의 가능성과 한계. 한국교원교육연구, 26(2), 243-276.
- 서경혜(2015). 교사학습공동체. 서울: 학지사.
- 성열관 (2018). 수업시간에 자는 아이들: 교실사회학 관점. 서울: 학이시습.
- 성열관(2015). 메리토크라시에서 데모크라시로:마이클 영(Michael Young)의 논의를 중심으로. 교육학연구, 53(2), 55-79.
- 성열관, 이순철(2011). 혁신학교 : 경쟁과 차별에서 배움과 돌봄으로. 서울: 살림터.
- 성열관, 이형빈 (2014). 수업시간에 자는 중학생 연구. 교육사회학연구, 24(1), 147-171.
- 손민호 (2004). 사회구성주의와 수업 연구의 방법론적 탐색. 교육인류학연구, 7(1), 37-72.
- 손우정(2012). 배움의 공동체. 서울: 해냄출판사.
- 손준종(1999). 정의로운 교육기회 분배에 관한 논의: 왈쩌(M. Walzer)를 중심으로. 교육사회학연구, 9(2), 121-142.
- 양영희 외(2016). 다시, 혁신 교육을 생각하다. 서울: 창비교육.
- 윤창국, 박상옥(2012). 문화역사적 활동이론의 이론적 발전과 평생교육연구에 주는 시사점. 평생교육연구, 18(3), 113-139.
- 이동윤(2016). 넬 나딩스의 행복교육론에 관한 연구. 교육문제연구, 29(4), 45-64.
- 이명신(2009). Nel Noddings의 배려교육론 연구. 전남대학교 박사학위논문.
- 이혁규 (2003). 질적 사례 연구를 통한 교실붕괴 현상의 이해와 진단. 교육인류학연구, 6(2), 125-164.
- 이혁규(2015). 한국의 교육 생태계. 서울: 교육공동체벗.
- 이형빈 (2014). 학생의 수업참여 및 소외 양상에 대한 현상학적 연구. 교육과정연구, 32(1), 25-51.
- 이형빈(2015). 교육과정-수업-평가 어떻게 혁신할 것인가. 서울: 맘에드림.
- 임정연(2011). 나딩스의 배려교육론 연구. 성균관대학교 박사학위논문.
- 장은주(2017). 시민교육이 희망이다. 서울: 피어나.

- 정바울(2016). 전문적 학습공동체의 지속성에 대한 질적 사례 연구. 교육정치학연구, 23(2), 127-151.
- 정진화(2016). 교사, 학교를 바꾸다. 서울: 살림터.
- 정태욱(2016). 존 롤스의 정의론과 '재산소유 민주주의'론. 법학연구, 27(3), 11-41.
- 정태창(2011). 롤스의 공정으로서의 정의가 현대 입헌민주주의의 위기에 대해 갖는 실천적 함의. 철학사상. 39, 167-198.
- 조성민(2011). 나딩스 배려윤리의 도덕교육적 의의와 한계. 윤리철학교육, 17, 1-26.
- Au, W. (2007). Vygotsky and Lenin on Learning: The Parallel Structures of Individual and Social Development. *Science & Society*, 71(3), 273-298.
- Bakhtin, M. M. (1981). *The dialogic imagination: Four essays*. Austin, TX: University of Texas Press.
- Clement, J. (2014). Managing mandated educational change. *School Leadership & Management*, 34(1), 39-51.
- Cochran-Smith, M. & Lytle, S. L. (2009). *Inquiry as stance: Practitioner research for the next generation*. New York, NY: Teachers College Press.
- Cole, M. (1988). Cross-cultural research in the socio-historical tradition. *Human Development*, 31, 137‐51.
- Daniels, H. (2001). *Vygotsky and Pedagogy*. Routledge.
- Daniels, H. (2008). *Vygotsky and Research*. Taylor & Francis.
- Daniels, H. (2012). *Vygotsky and Sociology*. Routledge.
- Daniels, H. (2016). An activity theory analysis of learning in and for inter-school work. *Educação*, 39, 24-31.
- Engeström, Y. & Sannino, A. (2011). Discursive manifestations of contradictions in organizational change efforts: A methodological framework. *Journal of Organizational Change Management*, 24(3), 368-387.
- Engeström, Y. (1987). *Learning by expanding: an activity-theoretical approach to developmental research*. Helsinki: Orienta-Konsultit.

- Engeström, Y. (1994). *Training for change: new approach to instruction and learning in working life.* Geneva: International Labour Office.
- Engeström, Y. (1999). Activity theory and individual and social transformation. In Y. Engeström, R. Miettinen, and R.-L. Punamäki (Eds.), *Perspectives on activity theory* (pp.19-38), Cambridge: Cambridge University Press.
- Engeström, Y. (2000). Activity theory as a framework for analyzing and redesigning work. *Ergonomics*, 43(7), 960-974.
- Engeström, Y. (2001). Expansive Learning at Work: Toward an activity theoretical reconceptualization. *Journal of Education and Work*, 14(1), 133-156.
- Fullan, M. (2001). The new meaning of educational change. New York: Teachers College Press.
- Gitlin, A. & Margonis, F. (1995). The Political aspect of reform: Teacher resistance as good sense. *American Journal of Education*, 103(4), 377-405.
- Hargreaves, A. (2004). Inclusive and exclusive educational change: Emotional responses of teachers and implications for leadership. *School Leadership & Management*, 24(3), 287-309.
- Heather W. & Hackman (2005). Five Essential Components for Social Justice Education, *Equity & Excellence in Education*, 38(2), 103-109.
- Il'enkov, E. V. (1977). *Dialectical logic: Essays in its history and theory.* Moscow: Progress.
- Karanasios, S., Riisla, K. & Simeonova, B. (2017). Ex-ploring the use of contradictions in activity theory studies: An interdisciplinary review. Presented at the 33rd EGOS Colloquium: The Good Organization, Copenhagen, July 6-8th.
- Lave, J. & Wenger, E. (1991). *Situated learning: Legitimate peripheral participation.* Cambridge, UK: Cambridge University Press.
- Leont'ev, A. N. (1978). *Activity, consciousness, and personality.* Englewood Cliffs, NJ: Prentice-Hall.

- Leont'ev, A. N. (1981). *Problems of the development of the mind.* Moscow: Progress.
- Sannino, A. & Nocon, H. (2008). Introduction: Activity theory and school innovation. *Journal of Educational Change,* 9, 325-328.
- Tyack, D. B. & Cuban, L. (1995). *Tinkering toward utopia: A century of public school reform.* Cambridge. MA: Harvard University Press.
- Vygotsky, L. S. (1960). The instrumental method in psychology. In J. V. Wertsch (Ed.), *The Concept of Activity in Soviet Psychology* (pp.189-240). Armonk, NY: M. E. Sharpe.
- Vygotsky, L. S. (1978). *Mind in society: The development of higher psychological processes.* Cambridge, MA: Harvard University Press.
- Vygotsky, L. S. (1987). *Thinking and speech.* New York: Plenum.
- Wertsch, J. V. (1991). *Voices of the mind: A sociocultural approach to mediated action.* Cambridge. MA: Harvard University Press.
- Zemelman, S., Daniels, H. & Hyde, A. (2005). *Best Practise: Today's standards for teaching and learning in America's schools.* Portsmouth, NH.: Heinemann.

삶의 행복을 꿈꾸는 교육은 어디에서 오는가?

미래 100년을 향한 새로운 교육 혁신교육을 실천하는 교사들의 필독서

▶ 교육혁명을 앞당기는 배움책 이야기
혁신교육의 철학과 잉걸진 미래를 만나다!

한국교육연구네트워크 총서

01 핀란드 교육혁명
한국교육연구네트워크 엮음 | 320쪽 | 값 15,000원

02 일제고사를 넘어서
한국교육연구네트워크 엮음 | 284쪽 | 값 13,000원

03 새로운 사회를 여는 교육혁명
한국교육연구네트워크 엮음 | 380쪽 | 값 17,000원

04 교장제도 혁명
한국교육연구네트워크 엮음 | 268쪽 | 값 14,000원

05 새로운 사회를 여는 교육자치 혁명
한국교육연구네트워크 엮음 | 312쪽 | 값 15,000원

06 혁신학교에 대한 교육학적 성찰
한국교육연구네트워크 엮음 | 308쪽 | 값 15,000원

07 진보주의 교육의 세계적 동향
한국교육연구네트워크 엮음 | 324쪽 | 값 17,000원
2018 세종도서 학술부문

08 더 나은 세상을 위한 학교혁명
한국교육연구네트워크 엮음 | 404쪽 | 값 21,000원
2018 세종도서 교양부문

혁신학교
성열관·이순철 지음 | 224쪽 | 값 12,000원

행복한 혁신학교 만들기
초등교육과정연구모임 지음 | 264쪽 | 값 13,000원

서울형 혁신학교 이야기
이부영 지음 | 320쪽 | 값 15,000원

혁신교육, 철학을 만나다
브렌트 데이비스·데니스 수마라 지음
현인철·서용선 옮김 | 304쪽 | 값 15,000원

혁신교육 존 듀이에게 묻다
서용선 지음 | 292쪽 | 값 14,000원

다시 읽는 조선 교육사
이만규 지음 | 750쪽 | 값 33,000원

대한민국 교육혁명
교육혁명공동행동 연구위원회 지음 | 224쪽 | 값 12,000원

한국교육연구네트워크 번역 총서

01 프레이리와 교육
존 엘리아스 지음 | 한국교육연구네트워크 옮김
276쪽 | 값 14,000원

02 교육은 사회를 바꿀 수 있을까?
마이클 애플 지음 | 강희룡·김선우·박원순·이형빈 옮김
356쪽 | 값 16,000원

03 비판적 페다고지는
세상을 변화시킬 수 있는가?
Seewha Cho 지음 | 심성보·조시화 옮김 | 280쪽 | 값 14,000원

04 마이클 애플의 민주학교
마이클 애플·제임스 빈 엮음 | 강희룡 옮김 | 276쪽 | 값 14,000원

05 21세기 교육과 민주주의
넬 나딩스 지음 | 심성보 옮김 | 392쪽 | 값 18,000원

06 세계교육개혁:
민영화 우선인가 공적 투자 강화인가?
린다 달링-해먼드 외 지음 | 심성보 외 옮김 | 408쪽 | 값 21,000원

07 콩도르세, 공교육에 관한 다섯 논문
니콜라 드 콩도르세 지음 | 이주환 옮김 | 300쪽 | 값 16,000원

대한민국 교사, 어떻게 가르칠 것인가?
윤성관 지음 | 320쪽 | 값 15,000원

아이들을 어떻게 가르칠 것인가
사토 마나부 지음 | 박찬영 옮김 | 232쪽 | 값 13,000원

모두를 위한 국제이해교육
한국국제이해교육학회 지음 | 364쪽 | 값 16,000원

경쟁을 넘어 발달 교육으로
현광일 지음 | 288쪽 | 값 14,000원

독일 교육, 왜 강한가?
박성희 지음 | 324쪽 | 값 15,000원

핀란드 교육의 기적
한넬레 니에미 외 엮음 | 장수명 외 옮김 | 456쪽 | 값 23,000원

한국 교육의 현실과 전망
심성보 지음 | 724쪽 | 값 35,000원

▶ 4·16, 질문이 있는 교실 마주이야기

통합수업으로 혁신교육과정을 재구성하다!

통하는 공부
김태호·김형우·이경석·심우근·허진만 지음
324쪽 | 값 15,000원

미래교육의 열쇠, 창의적 문화교육
심광현·노명우·강정석 지음 | 368쪽 | 값 16,000원

내일 수업 어떻게 하지?
아이함께 지음 | 300쪽 | 값 15,000원
2015 세종도서 교양부문

주제통합수업, 아이들을 수업의 주인공으로!
이윤미 외 지음 | 392쪽 | 값 17,000원

인간 회복의 교육
성래운 지음 | 260쪽 | 값 13,000원

수업과 교육의 지평을 확장하는 수업 비평
윤양수 지음 | 316쪽 | 값 15,000원
2014 문화체육관광부 우수교양도서

교과서 너머 교육과정 마주하기
이윤미 외 지음 | 368쪽 | 값 17,000원

교사, 선생이 되다
김태은 외 지음 | 260쪽 | 값 13,000원

수업 고수들 수업·교육과정·평가를 말하다
박현숙 외 지음 | 368쪽 | 값 17,000원

교사의 전문성, 어떻게 만들어지나
국제교원노조연맹 보고서 | 김석규 옮김 392쪽 | 값 17,000원

도덕 수업, 책으로 묻고 윤리로 답하다
울산도덕교사모임 지음 | 320쪽 | 값 15,000원

수업의 정치
윤양수·원종희·장군 지음 | 280쪽 | 값 14,000원

체육 교사, 수업을 말하다
전용진 지음 | 304쪽 | 값 15,000원

학교협동조합,
현장체험학습과 마을교육공동체를 잇다
주수원 외 지음 | 296쪽 | 값 15,000원

교실을 위한 프레이리
아이러 쇼어 엮음 | 사람대사람 옮김 | 412쪽 | 값 18,000원

거꾸로 교실,
잠자는 아이들을 깨우는 수업의 비밀
이민경 지음 | 280쪽 | 값 14,000원

마을교육공동체란 무엇인가?
서용선 외 지음 | 360쪽 | 값 17,000원

교사는 무엇으로 사는가
정은균 지음 | 292쪽 | 값 15,000원

교사, 학교를 바꾸다
정진화 지음 | 372쪽 | 값 17,000원

마음의 힘을 기르는 감성수업
조선미 외 지음 | 300쪽 | 값 15,000원

함께 배움
학생 주도 배움 중심 수업 이렇게 한다
니시카와 준 지음 | 백경석 옮김 | 280쪽 | 값 15,000원

작은 학교 아이들
지경준 엮음 | 376쪽 | 값 17,000원

공교육은 왜?
홍섭근 지음 | 352쪽 | 값 16,000원

아이들의 배움은 어떻게 깊어지는가
이시이 준지 지음 | 방지현·이창희 옮김 | 200쪽 | 값 11,000원

자기혁신과 공동의 성장을 위한
교사들의 필리버스터
윤양수·원종희·장군·조경삼 지음 | 280쪽 | 값 14,000원

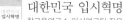
대한민국 입시혁명
참교육연구소 입시연구팀 지음 | 220쪽 | 값 12,000원

함께 배움 이렇게 시작한다
니시카와 준 지음 | 백경석 옮김 | 196쪽 | 값 12,000원

교사를 세우는 교육과정
박승열 지음 | 312쪽 | 값 15,000원

함께 배움 교사의 말하기
니시카와 준 지음 | 백경석 옮김 | 188쪽 | 값 12,000원

전국 17명 교육감들과 나눈
교육 대담
최창의 대담·기록 | 272쪽 | 값 15,000원

교육과정 통합, 어떻게 할 것인가?
성열관 외 지음 | 192쪽 | 값 13,000원

들뢰즈와 가타리를 통해
유아교육 읽기
리세롯 마리엣 올슨 지음 | 이연선 외 옮김 | 328쪽 | 값 17,000원

학교 혁신의 길, 아이들에게 묻다
남궁상운 외 지음 | 272쪽 | 값 15,000원

학교 민주주의의 불한당들
정은균 지음 | 276쪽 | 값 14,000원

프레이리의 사상과 실천
사람대사람 지음 | 352쪽 | 값 18,000원
2018 세종도서 학술부문

교육과정, 수업, 평가의 일체화
리사 카터 지음 | 박승열 외 옮김 | 196쪽 | 값 13,000원

혁신학교, 한국 교육의 미래를 열다
송순재 외 지음 | 608쪽 | 값 30,000원

학교를 개선하는 교장
지속가능한 학교 혁신을 위한 실천 전략
마이클 풀란 지음 | 서동연·정효준 옮김 | 216쪽 | 값 13,000원

페다고지를 위하여
프레네의 『페다고지 불변요소』 읽기
박찬영 지음 | 296쪽 | 값 15,000원

공자뎐, 논어는 이것이다
유문상 지음 | 392쪽 | 값 18,000원

노자와 탈현대 문명
홍승표 지음 | 284쪽 | 값 15,000원

교사와 부모를 위한
발달교육이란 무엇인가?
현광일 지음 | 380쪽 | 값 18,000원

선생님, 민주시민교육이 뭐예요?
염경미 지음 | 244쪽 | 값 15,000원

교사, 이오덕에게 길을 묻다
이무완 지음 | 328쪽 | 값 15,000원

어쩌다 혁신학교
유우석 외 지음 | 380쪽 | 값 17,000원

낙오자 없는 스웨덴 교육
레이프 스트란드베리 지음 | 변광수 옮김 | 208쪽 | 값 13,000원

미래, 교육을 묻다
정광필 지음 | 232쪽 | 값 15,000원

끝나지 않은 마지막 수업
장석웅 지음 | 328쪽 | 값 20,000원

대학, 협동조합으로 교육하라
박주희 외 지음 | 252쪽 | 값 15,000원

경기꿈의학교
진흥섭 외 지음 | 360쪽 | 값 17,000원

입시, 어떻게 바꿀 것인가?
노기원 지음 | 306쪽 | 값 15,000원

학교를 말한다
이성우 지음 | 292쪽 | 값 15,000원

촛불시대, 혁신교육을 말하다
이용관 지음 | 240쪽 | 값 15,000원

행복도시 세종, 혁신교육으로 디자인하다
곽순일 외 지음 | 392쪽 | 값 18,000원

라운드 스터디
이시이 데루마사 외 엮음 | 224쪽 | 값 15,000원

나는 거꾸로 교실 거꾸로 교사
류광모·임정훈 지음 | 212쪽 | 값 13,000원

미래교육을 디자인하는 학교교육과정
박승열 외 지음 | 348쪽 | 값 18,000원

교실 속으로 간 이해중심 교육과정
온정덕 외 지음 | 224쪽 | 값 13,000원

흥미진진한 아일랜드 전환학년 이야기
제리 제퍼스 지음 | 최상덕·김호원 옮김 | 508쪽 | 값 27,000원

교실, 평화를 말하다
따돌림사회연구모임 초등우정팀 지음 | 268쪽 | 값 15,000원

폭력 교실에 맞서는 용기
따돌림사회연구모임 학급운영팀 지음 | 272쪽 | 값 15,000원

학교자율운영 2.0
김용 지음 | 240쪽 | 값 15,000원

그래도 혁신학교
박은혜 외 지음 | 248쪽 | 값 15,000원

학교자치를 부탁해
유우석 외 지음 | 252쪽 | 값 15,000원

학교는 어떤 공동체인가?
성열관 외 지음 | 228쪽 | 값 15,000원

▶ 교과서 밖에서 만나는 역사 교실
상식이 통하는 살아 있는 역사를 만나다

 전봉준과 동학농민혁명
조광환 지음 | 336쪽 | 값 15,000원

 남도의 기억을 걷다
노성태 지음 | 344쪽 | 값 14,000원

 응답하라 한국사 1·2
김은석 지음 | 356쪽·368쪽 | 각권 값 15,000원

 즐거운 국사수업 32강
김남선 지음 | 280쪽 | 값 11,000원

 즐거운 세계사 수업
김은석 지음 | 328쪽 | 값 13,000원

 강화도의 기억을 걷다
최보길 지음 | 276쪽 | 값 14,000원

 광주의 기억을 걷다
노성태 지음 | 348쪽 | 값 15,000원

 **선생님도 궁금해하는
한국사의 비밀 20가지**
김은석 지음 | 312쪽 | 값 15,000원

 걸림돌
키르스텐 세룹-빌펠트 지음 | 문봉애 옮김
248쪽 | 값 13,000원

 역사수업을 부탁해
열 사람의 한 걸음 지음 | 388쪽 | 값 18,000원

 진실과 거짓, 인물 한국사
하성환 지음 | 400쪽 | 값 18,000원

 우리 역사에서 사라진 근현대 인물 한국사
하성환 지음 | 296쪽 | 값 18,000원

 교과서 밖에서 배우는 역사 공부
정은교 지음 | 292쪽 | 값 14,000원

 팔만대장경도 모르면 빨래판이다
전병철 지음 | 360쪽 | 값 16,000원

 빨래판도 잘 보면 팔만대장경이다
전병철 지음 | 360쪽 | 값 16,000원

 영화는 역사다
강성률 지음 | 288쪽 | 값 13,000원

 친일 영화의 해부학
강성률 지음 | 264쪽 | 값 15,000원

 한국 고대사의 비밀
김은석 지음 | 304쪽 | 값 13,000원

 조선족 근현대 교육사
정미량 지음 | 320쪽 | 값 15,000원

 **다시 읽는 조선근대교육의 사상과 운동**
윤건차 지음 | 이명실·심성보 옮김 | 516쪽 | 값 25,000원

 음악과 함께 떠나는 세계의 혁명 이야기
조광환 지음 | 292쪽 | 값 15,000원

 논쟁으로 보는 일본 근대교육의 역사
이명실 지음 | 324쪽 | 값 17,000원

 다시, 독립의 기억을 걷다
노성태 지음 | 320쪽 | 값 16,000원

 한국사 리뷰
김은석 지음 | 244쪽 | 값 15,000원

▶ 창의적인 협력 수업을 지향하는 삶이 있는 국어 교실
우리말 글을 배우며 세상을 배운다

 중학교 국어 수업 어떻게 할 것인가?
김미경 지음 | 340쪽 | 값 15,000원

 토닥토닥 토론해요
명혜정·이명선·조선미 엮음 | 288쪽 | 값 15,000원

  어린이와 시
오인태 지음 | 192쪽 | 값 12,000원

 토론의 숲에서 나를 만나다
명혜정 엮음 | 312쪽 | 값 15,000원

 인문학의 숲을 거니는 토론 수업
순천국어교사모임 엮음 | 308쪽 | 값 15,000원

 수업, 슬로리딩과 함께
박경숙 외 지음 | 268쪽 | 값 15,000원

▶ 더불어 사는 정의로운 세상을 여는 인문사회과학
사람의 존엄과 평등의 가치를 배운다

밥상혁명
강양구 · 강이현 지음 | 298쪽 | 값 13,800원

좌우지간 인권이다
안경환 지음 | 288쪽 | 값 13,000원

도덕 교과서 무엇이 문제인가?
김대용 지음 | 272쪽 | 값 14,000원

민주시민교육
심성보 지음 | 544쪽 | 값 25,000원

자율주의와 진보교육
조엘 스프링 지음 | 심성보 옮김 | 320쪽 | 값 15,000원

민주시민을 위한 도덕교육
심성보 지음 | 500쪽 | 값 25,000원
2015 세종도서 학술부문

민주화 이후의 공동체 교육
심성보 지음 | 392쪽 | 값 15,000원
2009 문화체육관광부 우수학술도서

교과서 밖에서 배우는 인문학 공부
정은교 지음 | 280쪽 | 값 13,000원

갈등을 넘어 협력 사회로
이창언 · 오수길 · 유문종 · 신윤관 지음 | 280쪽 | 값 15,000원

오래된 미래교육
정재걸 지음 | 392쪽 | 값 18,000원

동양사상과 마음교육
정재걸 외 지음 | 356쪽 | 값 16,000원
2015 세종도서 학술부문

대한민국 의료혁명
전국보건의료산업노동조합 엮음 | 548쪽 | 값 25,000원

교과서 밖에서 배우는 철학 공부
정은교 지음 | 280쪽 | 값 14,000원

교과서 밖에서 배우는 고전 공부
정은교 지음 | 288쪽 | 값 14,000원

교과서 밖에서 배우는 사회 공부
정은교 지음 | 304쪽 | 값 15,000원

전체 안의 전체 사고 속의 사고
김우창의 인문학을 읽다
현광일 지음 | 320쪽 | 값 15,000원

교과서 밖에서 배우는 윤리 공부
정은교 지음 | 292쪽 | 값 15,000원

카스트로, 종교를 말하다
피델 카스트로 · 프레이 베토 대담 | 조세종 옮김
420쪽 | 값 21,000원

한글 혁명
김슬옹 지음 | 388쪽 | 값 18,000원

일제강점기 한국철학
이태우 지음 | 448쪽 | 값 25,000원

우리 안의 미래교육
정재걸 지음 | 484쪽 | 값 25,000원

한국 교육 제4의 길을 찾다
이길상 지음 | 400쪽 | 값 21,000원

▶ 평화샘 프로젝트 매뉴얼 시리즈
학교폭력에 대한 근본적인 예방과 대책을 찾는다

학교폭력 어떻게 만들어지는가
문재현 외 지음 | 300쪽 | 값 14,000원

아이들을 살리는 동네
문재현 · 신동명 · 김수동 지음 | 204쪽 | 값 10,000원

학교폭력, 멈춰!
문재현 외 지음 | 348쪽 | 값 15,000원

평화! 행복한 학교의 시작
문재현 외 지음 | 252쪽 | 값 12,000원

왕따, 이렇게 해결할 수 있다
문재현 외 지음 | 236쪽 | 값 12,000원

마을에 배움의 길이 있다
문재현 지음 | 208쪽 | 값 10,000원

젊은 부모를 위한 백만 년의 육아 슬기
문재현 지음 | 248쪽 | 값 13,000원

별자리, 인류의 이야기 주머니
문재현 · 문한뫼 지음 | 444쪽 | 값 20,000원

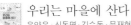
우리는 마을에 산다
유양우 · 신동명 · 김수동 · 문재현 지음 | 312쪽 | 값 15,000원

동생아 우리 뭐 하고 놀까?
문재현 외 지음 | 280쪽 | 값 15,000원

▶남북이 하나 되는 두물머리 평화교육
분단 극복을 위한 치열한 배움과 실천을 만나다

 10년 후 통일
정동영·지승호 지음 | 328쪽 | 값 15,000원

 선생님, 통일이 뭐예요?
정경호 지음 | 252쪽 | 값 13,000원

 분단시대의 통일교육
성래운 지음 | 428쪽 | 값 18,000원

 김창환 교수의 DMZ 지리 이야기
김창환 지음 | 264쪽 | 값 15,000원

 한반도 평화교육 어떻게 할 것인가
이기범 외 지음 | 252쪽 | 값 15,000원

▶출간 예정